ダイバーシティ・マネジメントと異文化経営

グローバル人材を育てるマインドウェアの世紀

馬越恵美子

Emiko Magoshi, Ph.D.

Diversity and Transcultural Management

Global Human Resources for Japanese Companies

新評論

はじめに

本書を執筆していた二〇一〇年は、日本企業の海外現地法人の現地化が本格化した年である。これまでも確かに数の上での現地化は進んでいた。しかし、日本企業が本腰を入れて、そのトップに現地の人を据えようと動き出したのはこの年であると思う。同時にこの年は、コマツやパナソニックなど日本を代表する大手企業がこぞって外国人社員の採用を前面に打ち出して、その活用を本格化させた年でもある。さらに、日本企業数社が英語を社内の共通語化（公用語化）にすることを打ち出した年でもあり、英語社内共通語化（公用語化）が現実味を帯び始める年でもあった。つまり、二〇一〇年は、ビジネスにおける日本の「グローバル化元年」の年であった。

実は筆者は一九九六年に『〝カイシャ〟の中の外国人』（ジェトロ）という共著を上梓し、「外国人を活用できない企業に将来はない！」と本の帯に大きく書いたのだが、世間はまったくこの本に振り向くことなく、在庫の山となってしまったことがある。今から十五年も前のことであるから、時期尚早であったのだろう。日本企業で働く外国人数名との共著だから、かなり筆に勢いのある本だったのだが、当時は日本企業にとって刺激が強すぎたのであろう。

そして年月がたち、世界における日本の立場が変わって、先に述べた「グローバル化元年」を迎えたのである。

さて本書は、前作『心根（マインドウェア）の経営学』（新評論、二〇〇〇）を一新したものである。好評であった前作四論考（本書第一章～第四章、および第五章の前半）に新稿四本（本書第五章の後半および第六章～第八章）を加え、適宜微調整を施して編んだ。旧稿を再録したのは、マインドウェアという指針は普遍的な精神と理論であり、筆者のライフワークを貫く哲学であり、さらに旧稿で行った調査結果も独自の実証研究であるからだ。

前作が「異文化経営」を主眼としたことに対して、本書は、それに加えて「ダイバーティィ・マネジメント」も中心に据えている。それでは両者はどのような関係にあるのだろうか。まず、両者が属する「経営」という分野から論を起こそう。

「経営」は、英語の management に相当する言葉であり、広くは組織体の運営を意味する。企業の場合、この言葉は、ある目的の遂行のため、意思決定をもって政策を実行すること、また、その意思決定者（経営陣）を指している。「経営」は「ヒト、モノ、カネ」の三本柱から成り立つと言われるが、近年、経営のグローバル化が進むにつれ、「ヒト」という、いわばソフトパワーの重要性が高まっている。ヒトは文化的に多様な背景を有するがゆえに、その活用は容易ではないが、多様な人材を活かすことが企業の競争力と社会的評価の鍵を握っていることも事実である。この点に着目すれば、「経営」は利潤追求という命題とともに、社員の文化的背景を考慮した動機づけという文化相対性の二面性を持っている。これを論じているのが異文化経営論という分野であり、多様な人材を活かす経営はダイバーティ・マネジメントと呼ばれている。なお、異文化経営が企業の国際化や海外展開における多国籍の人材の登用からスタートしているのに対して、ダイバーシティ・マネジメントはひとつの企業内の多様な人材を起点としている。しかし、両者が目指すところは共通しており、属性を超えた人材の活用こそが、二十一世紀の「経営」の要である。

多様な人材が活躍するには、個々人が「異文化」や「多様性（ダイバーシティ）」に対して「寛容」であり、かつ「耐久力」を備える必要がある。このいわば、「異文化力」とも呼ぶことのできる力を身につけることが、仕事の上でも社会生活の上でも、人生のあらゆる側面において、自らの力を発揮し、社会に貢献し、自らを輝かせるエネルギーの源泉であると思う。このためには、「教育」や「学び」の現場においても、「異文化力」を培うべき努力が必要であろう。人材の育成、とりわけ、グローバル人材の育成が日本にとって最重要課題である今日、本書では、この「教育問題」に関して、「留学の効用」の観点からも論じたい。

本書を読まれた皆さんが、より一層活力をみなぎらせて、それぞれの立場で輝かれることを願ってやまない。

二〇一一年二月

馬越　恵美子

ダイバーシティ・マネジメントと異文化経営／**目次**

ダイバーシティ・マネジメントと異文化経営

――グローバル人材を育てるマインドウェアの世紀

第一章

異文化コミュニケーション

文化は「国の文化」「地方の文化」「企業文化」などさまざまな切り口がある。文化の最小単位は一人ひとりの考えや価値判断をベースとする「個人の文化」である。マインドウェアは、いろいろな次元において異なる文化が相乗効果を発揮するための鍵を握っている。

＊本章は拙著『心根（マインドウェア）の経営学』（新評論、2000年）第三章を一部加筆・修正したものである。

経営のグローバル化が進むにつれ、多国籍チームでの仕事が増え、さまざまな文化的背景の人材を活かすことが企業の競争力の鍵を握るようになってきた。これまで比較的均質な社会であうんの呼吸で仕事をしてきた日本人も、これからは積極的に異なる価値観の人々と交わり、異文化や多様性に対応する力を身につけることが求められている。国籍、民族、ジェンダー、言語、宗教、障がいの有無など、あらゆる〝文化〟を越えて、互いの価値観を活かし、相乗効果を生むためには、異文化コミュニケーションが必須である。本章では、経営との関連において、異文化コミュニケーション論を整理したい。

一　文化とコミュニケーション

1　そもそも、文化とは？

ある言語で言葉が発せられた時、相手はそれを聞いて「理解」し、それに対して自分の意見を言う――何の変哲もないことだが、発言のもともとの意味が一〇〇％相手に伝わることはむしろ稀ではなかろうか。

近い関係であるはずの夫婦や兄弟、親子でも、意思の疎通がままならないことがある。嫁姑、会社の上司と部下、同僚、先生と生徒、友人……環境が異なれば異なるほど、溝は深まる。同じ言語でさえ、そうである。ましてや、異なった言語を話す人と理解しあおうということは、極めて難しい。

人は誰も、自分の生まれ育った環境の中で得た「尺度」で物事を判断する。しかも無意識のうちに。「文化」には「国の文化」「地方の文化」「民族の文化」最近では「企業の文化」と、さまざまな次元があるが、マクロとしての文化を細分化すれば、個人個人の文化に行き着くのではないだろうか。最も自立度の高いミクロの文化が、この「個人の尺度」であろう。

「すべての人は、考えたり、感じたり、行動するパターンを持っている」（ホフステッド）。これは生涯を通じて習得するものだが、ほとんどが、最も感受性の鋭い幼少の時に得たものであろう。

第六章でも触れるように、コンピューターのプログラミングの比喩を用いれば、このパターンは「メンタル・プログラム」あるいは、「メンタル・ソフトウェア」と呼ぶことができる。もちろん、人間はコンピューターのようにプログラムされているわけではない。行動のベースにメンタル・プログラムがあるが、人はそのプログラムから離れて違った行動をする能力を有し、創造的で予期しない（時には破壊的な）新しいやり方を取ることもできる。(1)

このメンタル・プログラムの通称が「文化」（"culture"）であろう。cultureという言葉にはいくつかの意味があるが、すべてはラテン語に由来する。cultureは元々は「土地を耕す」ことを意味する。cultureは「文明」（civilization）あるいは「精神の洗練」（refinement of the mind）、特にその結果創出される教育や芸術や文学を意味する。これは狭義の「文化」であり、メンタル・ソフトウェアとしての「文化」は前述のようにもっと広い意味を持つ。(2)

広義の「文化」は、集団的な現象と捉えることもできる。すなわち、文化は少なくとも二人以上の人によって共有されることを念頭に置き、遺伝的なプロセスよりも、むしろ自己の環境の学習、その環境との相互作用のプロセスを通じて伝達されるものと言えよう。(3) 文化とはあるグループ、集団のメンタル・プログラムでもあり、グループの構成員とそれ以外の人々を区別する「ものさし」でもある。(4)

2　コミュニケーションは文化的背景に依存する

コミュニティ、コミューン、コミュニケーションといった言葉を見ると、共通の接頭辞「コミュ」が付いていることに気づくが、これらの言葉はすべて、「共通の」「共有の」を意味するラテン語のcommunisに由来する。(5) コミュニケーションは人々が互いに世界観、価値観、信念等を「共有」する行為を意味する。

コミュニケーションとは、言語を使い、明白な意図を持ったメッセージの伝達行為であるのみならず、人々が互いに影響を及ぼしあうプロセスのすべてとも解釈できよう。人間は意識的、無意識的に、コミュニケーションを駆使して、他の人々の行動や価値観に影響を及ぼしている。人は文化的背景を選択する余地はほとんどなく、コミュニケーションは文化的背景に依存していると言える。

二　異文化との出会い

1　異文化コミュニケーションの定義づけ

人間の歴史は異なった文化との遭遇の繰り返しである。

アメリカのコミュニケーション学の権威であるサモーバー（Samovar）によると「異文化コミュニケーションは、メッセージの作り手がひとつの文化の一員で、メッセージの受け手が別の文化の一員である場合に生じる」。また、同じくアメリカのコミュニケーション学者グディカンスト（Gudykunst）によれば、「異文化コミュニケーションとは、異なった文化的背景の人たちの間の意味の付与を含む、相互作用的で象徴的な過程である」。

この「異文化コミュニケーション」の定義において、両者は文化的相違を重視する点は共通しているが、後者はコミュニケーションが過程であり、言語その他の象徴自体に意味はなく、象徴に付与される意味は常に人間の脳に存在すると言う見解を持つ(6)。

「異文化コミュニケーション」（intercultural communication）と類似した概念として「交差文化コミ

ユニケーション」(cross-cultural communication) がある。両者の区別を試みる者もあるが極めて難しく、同義的に扱う研究者も多い。最近では、「文化を越える」という意味を持つ transcultural も用いられている。

訳語に目を転じれば、international が「国際」で、interdisciplinary が「学際」なのに、intercultural はなぜ、「文化際」または「文際」ではなくて、「異文化」なのだろう。「文化際」や「文際」も言葉として座りは良くない。検討の余地があるだろう。

2 文化とコミュニケーションに見る東西の対比

文化とコミュニケーションを明確に定義し、研究しようとする姿勢は、西洋的、特に、アメリカ的な特長である。アメリカの言語学者オリヴァー (Oliver) の研究によれば、古代の西洋と東洋の文化では、コミュニケーションへのアプローチが基本的な点で異なっていたという。西洋文化では、コミュニケーションの目的は、話し手あるいは聞き手の利益を増大させることにあり、インドや中国等の東洋文化では、コミュニケーションを通じて両者の調和を図ることが目的とされていたという。このため、西洋の理論家はコミュニケーションを個人的色彩の強いものとして捉え、話し手や聞き手の個性を強調してきた。一方、東洋の伝統では、コミュニケーションを努めて脱個人色の方向に持っていこうとし、儀礼的な側面が強くなり、また、語るに足る重要なことが無ければ、沈黙を守るべきであるとも説かれてきた。(7)

今日の日米を比較してみよう。アメリカでは説得力の強い話し方で意見を表明したり、人前で自分の考えを理論的、分析的に発表する能力に高い価値が置かれている。日本では社会集団における調和の維持が極めて大切にされており、議論づくの強い表現、特に否定的な表現は努めて回避される。「おっしゃるとおりですが……」（I agree with you, however...）「前向きに検討します」等、と日本人が発言する時には否定の意味があることは今や、外国でも知る人ぞ知るである。

◆アナ・デジ比較

東洋と西洋のアプローチを敢えて、誤解とステレオタイプの危険を冒してまとめてみると、次のようになる。(8)（多様性に富む世界を東西に分けて、紋切り型の概念で論じることはリスクがあるし、慎重を期する必要がある。しかし、会議通訳としての異文化コミュニケーションの経験に照らせば、問題の切り口としてはおもしろいと筆者は思う。）

〈東洋〉	〈西洋〉
アナログ	デジタル
あわせのスタイル	えらびのスタイル
高コンテキスト	低コンテキスト
制限コード	念入りコード

まず、「あわせ・アナログ」と「えらび・デジタル」であるが、武者小路公秀は『国際政治と日本』（東京大学出版会）の中で、次のように対比している。(9)「えらび」は、人間とその環境の関係を人間が環境を自由に操作できるという建前をもとにしており、「あわせ」は、人間は環境に適用するように自分を作り変えるという基本的な考えに立っている。「えらび」はイエスかノーかのデジタルで、「あわせ」は微調整がきくアナログである。「えらび」のスタイルは外交活動でのアメリカの理由付けに近く、「あわせ」は日本的スタイルである。「えらび」の方が白黒はっきりして、手間が省けるが、灰色のニュアンスの領域では「あわせ」の方が有効である。「えらび」では規格化が必要だが、「あわせ」では「甘え」という社会の潤滑油が必要。「あわせ」では環境のみならず、他の人々にも合わせるし、他の人々が自分に合わせてくれることも期待する。

次に、「高コンテキスト・制限コード」と「低コンテキスト・念入りコード」を対比してみよう。コンテキストとは、コミュニケーションが起こる物理的、社会的、心理的、時間的な環境すべてを指し、コミュニケーションの内容と形式に大きなインパクトを与える。各文化の個人がメッセージの記号化・解読の過程で、どの程度コミュニケーションのコンテキストを考慮するかによって、著名な文化人類学者エドワード・ホールは文化を「高コンテキスト文化」と「低コンテキスト」の二つに大別した。「高コンテキスト文化」とは、情報が広くメンバー間で共有され、単純なメッセージ（制限コード）でも深い意味をもち得るような比較的均質な文化で、日本はその一例である。これとは対照的に、個人主義が発達し、多くの異質の集団を含む、例えばアメリカのような国では、メンバー間で共有される前提が限られているため、コンテキストに頼らない念入りなコードを駆使しながら、明白なメッセージを構築し、相手に伝える必要がある。(10)

◆東西対比の落とし穴

このような東西の比較は、一理あるものの、よく考えると、疑問が浮かぶ。アメリカ人にはアメリカ人なりのコンテキストがあり、日本人と比較して低コンテキストと決めつけることが果たして妥当であろうか。アメリカ国内でも、西海岸と東海岸では異なるし、中西部もしかりである。WASP(White Anglo-Saxon Protestant: 新教徒のアングロサクソン系アメリカ人)に比べて、ユダヤ系は「察し」や「配慮」においては日本人に近いものがあるように感じる。また、フランス人は理路整然としながらも、微妙な表現を得意とし、行間を読み取ろうとする努力が会話の隅々に見られる。洗練された会話を好むフランス人に、「念入りコード」で自己主張すれば、むしろ粗野な人間とみなされてしまうだろう。

歴史的な経過から、ホールが指摘するような東西の傾向が生まれ、現在も一部に事実としてあることはある程度は否めない。しかし、アジアといっても、日本と中国では大変大きな隔たりがあるし、韓国との違いも顕著である。改めて考えるならば、人は東西を問わず、基本的なコミュニケーションはしっかり押さえなければならないし、たとえ、近い関係であろうとも、相手が自分と同じコンテキストで理解するとは限らないということも知っておく必要があろう。できるかぎり明示的に表現する努力を怠らないことが大切だが、かと言って、すべてを言葉にしなければ、意志の伝達が図れないというわけでもないと思う。

日本の「高コンテキスト」はよく、農耕民族、特に稲作の文化に由来するとも言われるが、果たしてそうであろうか。もしそうならば、それは長い歴史に根ざすものだから、文化論的な見地からすると日本人は今後なかなか変われそうもないということになる。しかし、例えば日本の「高コンテキスト文化」というものが、江戸幕府以来の慣行に由来し、その素地の上に、戦後、日本企業が高度成長期において意図的に作り上げた「企業文化」であると考えたらどうであろう。日本は今後、グローバル化時代に即応して、急速に「低コンテキスト文化」にシフトする可能性もあるのではないだろうか。

余談になるが、「メシ、フロ、ネル」で事足りると思っていた夫が、定年と共に「三行半《みくだりはん》」を妻から突きつけられるご時世である。企業でも、昨日まで赤ちょうちんでコンテキストを分かち合っていた（と思い込んでいた）上司に、今日は肩たたきに合うこの頃である。親子断絶も、家庭内離婚も「高コンテキスト文化」なる幻想の置き土産なのだろうか。

◆異文化との遭遇

異文化との遭遇には、多くの心理的、社会的プロセスがある。その最もミクロなものが、「個人」と「その個人にとっての異文化の環境」であろう。

図1　異文化適応曲線

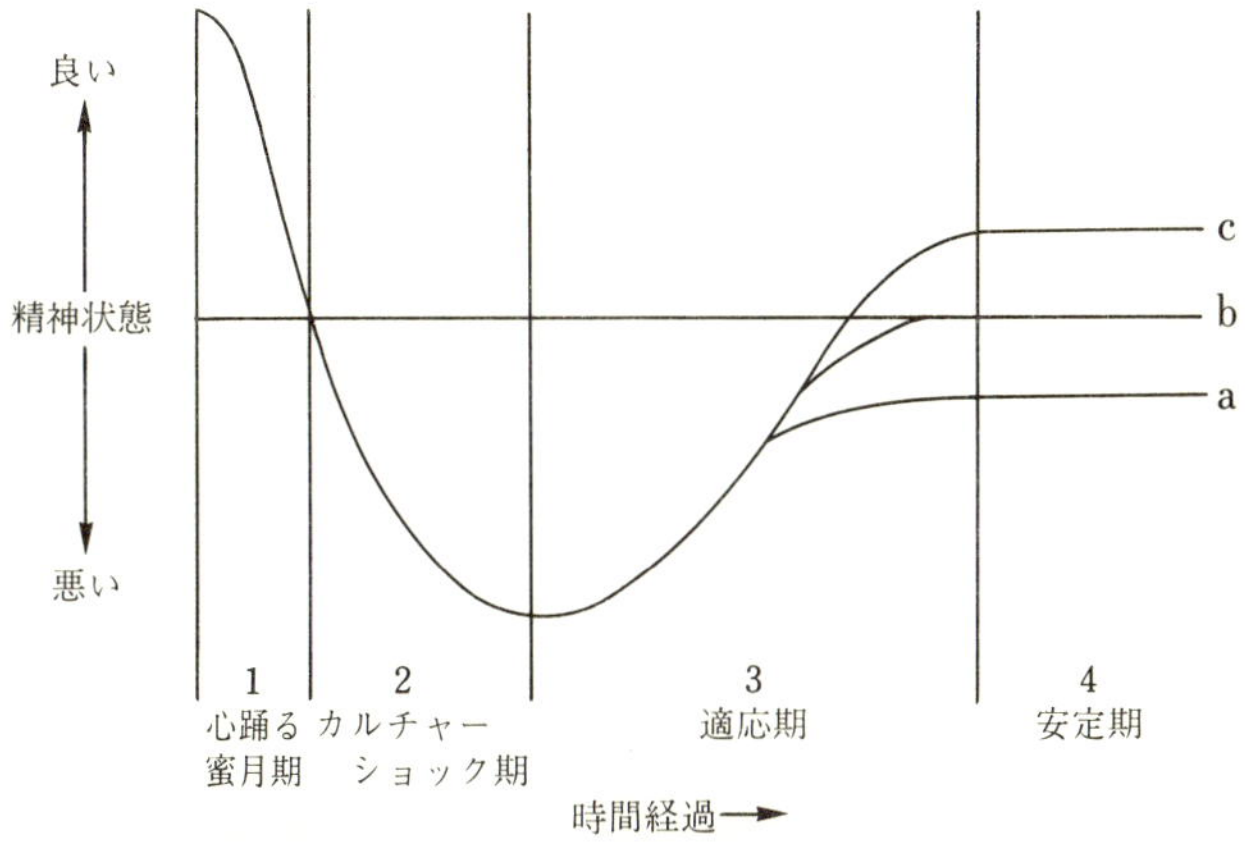

（出所）*Cultures and Organizations* (Geert Hofstede)

通常、新しい環境に置かれると、まず、その文化の表層的なこと——言語や習慣——を学ぼうとする。しかし、その根底に横たわる価値観にまで及ぶことは容易ではない。疲労困憊し、自信喪失して、新しい環境に対して敵意を持つこともある。体調を崩すこともあろう。いわゆるカルチャーショックを経験す[11]るが、このプロセスを図解すると**図1**のようになる。

これは「適応曲線」である。縦軸に精神状態、横軸に時間をプロットする。第一期は比較的短く、何もかも新鮮で、心踊る蜜月期間である。第二期は、現実の生活がスタートし、カルチャーショックを経験する時期である。第三期は、新しい環境に少しずつ慣れ、新しい価値観を学び、自信を取り戻し、新しい環境に適応していく期間である。第四期は、最終的に到達する一定の精神状態（安定期）である。本国にいた時に比べて、差別や疎外感から、低いレベルになることもあるし（a）、本国と同じレベル

（b）――つまり、二つの文化に適応する――場合もあろう。時として、本国よりも新しい環境を好み、より高い状態にソフトランディングすること（c）もあるだろう。

時には、カルチャーショックがあまりにも激しくて、当初の予定を繰り上げて、帰国せざるを得ないこともあろう。企業の海外派遣の場合には、赴任者自身よりも家族、特に妻が適応できず、早期に帰国するケースが多く報告されている。

また、海外にしばらく滞在して帰国した後に、古巣に再適応するに当たって、「逆カルチャーショック」を体験することがある。再適応がうまく行かずに、海外永住を決意する場合もあるだろう。

筆者のアメリカ留学の経験では、ある程度のカルチャーショックは予期していたため、そこでの生活にそれほどの困難は感じなかった。その反面、一年間、ほとんど日本人に会わず、日本語も話さずに、アメリカのティーンエイジャーと同じような学校生活を送って帰国したために、慣れ親しんでいたはずの日本での生活が窮屈でたまらなかったことを、今でもはっきりと記憶している。再適応に半年から一年を要したと思う。

海外生活をする機会の多い今日では、ひとりで数回にわたって、異なる文化と遭遇するケースもある。例えば、アメリカに数年滞在し、帰国後、また数年経ってから、今度はヨーロッパに赴任する場合などである。カルチャーショックは環境ごとに違い、新しい環境には新しいショックがあるため、その都度「適応曲線」を経験することになる。ただし、曲線の振幅は異文化体験を重ねることによって違ってくるのかもしれない。

三　国際ビジネスにおける異文化コミュニケーション

世界は今日、ひとつの市場であると言っても過言ではあるまい。その結果、国際的な商取引や企業内のいたる所で、異文化との遭遇が見られる。当然、日本企業も例外ではない。海外赴任者や日本企業に働く外国人に尋ねると、コミュニケーションが重要な問題だと指摘する人が多い。具体的にどのような問題が発生しているのか、検討したい。

1　コミュニケーション・ギャップ

「異文化インターフェース」という概念を生み出した林吉郎によれば、「異文化インターフェース」は異文化組織の中で異文化グループ間に形成されるインターフェース（融面）であり、(12) コミュニケーション・ギャップの発生には理論上、次の四つのタイプがあるとする。(13)

タイプA―何らかの理由でメッセージが受信体に届かない場合。発信体が発信しない場合も含む。

タイプB―発信体の記号化、または受信体の記号解読に困難が発生して、メッセージの意味が発信体の意図どおり解読されない場合。

タイプC―メッセージが、受信体の考え方や行為に意味のある変化をもたらさない場合。つまり、メッセージが受信体によって情報化されず、解読はされても意味の共有が行われないことを意味する。

タイプD―発信体にとって、受信体の反応や変化が期待どおりのものでない場合、主に発信体から見た挫折が起こる。

コミュニケーションの結果、発信体の期待する反応や変化が受信体で起きた場合、すなわち互いに意味の共有ができた場合に、コミュニケーションは有効だということになる。反対の場合がコミュニケーション・ギャップであり、コミュニケーション論で言う「基礎的状況判断過失」(fundamental attribution error) が発生する。これは他人の行動を見て、それがたとえ特定の状況下での行動であっても、その人の特性による行動であると誤認してしまうことを意味する。特に相手が自分と異なる文化的背景を持つ場合は、相手の状況の要因を識別するために多大の努力を要することが多い。

コミュニケーション・ギャップが深刻になると、不信感から敵意が生じ、悪循環を繰り返すことになる。このような挫折を防ぎ、円滑なコミュニケーションを得るにはどのような点に留意するべきであろうか。次に企業を例に検討する。

2 組織内コミュニケーション

国際的なビジネスを展開する日本企業の組織内コミュニケーションを三つの側面に分けてみよう。(14)

【本社・子会社間コミュニケーション】

日本企業の現地法人が雇用した現地人の管理者は、本社の戦略や意向を十分には理解していないという指摘がしばしばある。原因はむしろ日本本社にある場合が多い。日本企業は一般的にキャッチフレーズは謳うものの、経営戦略の明示化についてはは必ずしも充分でない。文化的基盤を共有する日本人同士であれば、この方が柔軟な対応ができ、メリットがあるかもしれない。しかし、異文化の現地人管理者には以心伝心とはいかない。言語を駆使して、充分に説明する必要がある。

さらに、現地人管理者の日本本社の経験も重要な意味を持つ。短期間の出張でゲストとしてもてなすのでは、効果が薄い。一定期間、本社の実際の事業活動の中で、体験的に本社のポリシーや経営方針、商習慣等を学ぶことによって、自分が働く企業との一体感、コーポレート・スピリットを共有することができるのである。

【現地組織内のコミュニケーション】

ある在米日系企業の現地人管理者の話によると、その社の日本人のトップは唐突で物事をよく説明せず、現地社員がいても日本人管理者同士ですぐに日本語で話そうとするという。この場合、コミュニケーション・ギャップが日常的に発生していることは容易に推測できる。ただ、この日本人社長のようなタイプの人は、日本ではさほど珍らしくない「典型的日本人男性」であるから、日本国内で日本人同士で仕事をする上ではこれまでほとんど問題がなかったと思われる。異文化圏の人たちと接する場合は、意識的にコミュニケーションに配慮し、意思の疎通を心がけるべきである。（もっとも、これは外国人に対してのみならず、これからは、国内でも、日本人同士でも気をつけるべきだと思うが。）語学能力が充分でない場合は、説明能力の優れた部下を伴うことで、ある程度解決がつくはずである。要は、コミュニケーションというものを大切なものとして認識するかどうかである。

【本社組織内コミュニケーション】

個々の企業が海外進出する時点でケースバイケースで国際化すればよい、という時代は終わった。これはいわば姑息な対症療法であり、抜本的な解決方法ではない。

本当の意味で企業がグローバル化するには、日本本社が国際的ニーズに適応した組織に生まれ変わることが肝要である。その第一歩として、情報の流れを鮮明にし、コミュニケーションの重要性を認識し、より多くの情報を成文化することが必要である。さらに、生産現場の効率向上に比べ、効率、能率が格段に見劣りする日々の事務作業、社内会議の運営、意思決定のプロセス等を再度見直し、無駄を省くことが重要である。日本的経営の良さを否定するのではない。今まで当然のこととして受け入れられてきた不透明な部分を異文化の人々にも分かりやすいものに作り替えていくのである。そうすれば、おのずから矛盾に気づくことができよう。異文化との遭遇によって、自らを振り返る機会を与えられるのである。

四　異文化コミュニケーションの普遍性

本章では異文化コミュニケーションをさまざまな側面から検討してきた。異文化との遭遇は時間と努力という多大なコストを要するものの、自己研鑽や飛躍の機会を提供するものでもある。世界は小さくなる一方、文化的には収斂するどころか、ますます多様化しているのではないだろうか。今後ますます、国籍に捕らわれず、地球的な規模で考え、行動していかなければならない時代にあって、異文化といかにつき合っていくかは重要な課題である。

欧米の大手企業の多くは組織内の外国人社員を平等に扱うように腐心してきた。その何十年という蓄積は大変なものであるが、それでも本社の役員に外国人社員がなるケースは多くない。こうした点を考えてみても日本企業ははるかに遅れをとっている。

今後、日本企業は国籍に関わりなく昇進の可能性が誰にでも開かれているような、真に国際的な人事体系を構築するべきだと思う。世界のあらゆる地域で社員を雇用し、語学訓練や海外赴任を含む異文化トレーニングを行い、日本本社での勤務を経て、その企業の完全な一員たるに必要なスキルとスピリットをはぐくむ。本社経営陣への昇進のキャリアパスを透明なものにし、フェアな処遇をすれば、有能な人材が集まるようになるだろう。もちろん、これは海外赴任の機会が仕事上あまりない日本人社員にとってもメリットがある。日本本社機構が国際化すれば、日本人社員の人たちも異文化の人々と机を並べて仕事をすることになり、国内にいながら異文化体験ができる絶好のチャンスである。日本企業は本腰を入れて、国籍不問の人事やジェンダーの平等といった課題に取り組む必要がある。

利潤最大化が企業の重要な目的であることは昔も今も変わらない。しかし、狭義の経済的関心にのみ目を向けてはならない。生産性や投資収益といったこれまでの尺度に加えて、企業市民性（corporate citizenship）や異文化許容度等の新しい視点が必要なのである。

異文化との遭遇を余儀なくされるグローバルなオペレーションでは、異文化コミュニケーションが鍵となる。異文化コミュニケーションは、自分と異なる環境の人は、自分とは違う価値観を持っていて、それは妥当なことであると認識することから始まる。相手の文化に関する知識を学ぶことは大切であるが、だからといって相手の価値観に同化する必要はない。異文化コミュニケーションは、自分の価値観やアイデンティティーを失わずに、話し合いを通じて、コンフリクトを克服し、相乗効果を追求する実り多きプロセスである。

ともすれば自分の殻や狭い仲間意識に捕らわれがちである日本人は、異文化コミュニケーションに充分に留意する必要があろう。日本が孤立することなく、世界の中で活躍を続ける可能性はここから開かれるのではないだろうか。

Diversity and Transcultural Management

第二章

マインドウェアの人事戦略

企業は経済的存在であると共に社会的存在である。能力が同じでも、やる気のある社員とやる気のない社員では、業績が大きく異なる。国籍や性別を問わずスタートラインを同じにして平等なチャンスを与える「等距離企業」では、一人ひとりの能力が最大限に発揮されて、結果として企業の業績が向上する。このように多様性を活用するマインドウェアは、実利を伴う概念なのである。

＊本章は『増補新版　心根（マインドウェア）の経営学』第四章を一部加筆・修正したものである。

前章ではコミュニーケーションの持つさまざまな側面を異文化の観点から論じた。コミュニケーションがいかに重要な役割を果たすかは論を俟たない。

さて、世界に目を転じると、近年のテレコミュニケーション技術の驚異的な発達によって、国境や文化を越えて、個人個人がグローバル・ネットワークにアクセスし、ネットワーク上で組織の枠組みを越えて結びつき、情報を交換し、影響を与え合うことが可能になった。テレコミュニケーションの飛躍が新しいコミュニケーションの形態をもたらしたのである。

ジョン・ネイスビッツは「世界経済が拡大すればするほど、その最小の構成要素である個人の力が強くなる」といみじくも述べている(1)。もはや、政府や企業を蝕《むしば》む官僚主義より、「個」の力が大きく物を言う時代となった。組織は個人が十分に能力を発揮できるような、柔軟な仕組みを持つべきである。その意味するところを、まずは直感的にご理解いただくために、多少長くなるがネイスビッツの

名著『大逆転潮流』（佐和隆光訳）から一部引用してみたい。(2)

「インダストリー・ウィーク」誌の一九九二年四月号に次のような記事が掲載された。「品行方正な企業行動と企業収益とは関係がない、という考えは誤りである。企業の品行方正さと収益は同じコインの両面の関係にある。公正な企業で働いているという意識を持ち、忠誠心と気配りの伝統が社内に根づいておれば、人はいっそう仕事に精を出す。彼らを取り囲む価値観を彼らは自分のものとし、最高の製品とサービスを消費者に提供したい、と彼らは願うようになるであろう」と。

ピッツバーグに本社を置くアルミニウム・カンパニー・オブ・アメリカ社（ＡＬＣＯＡ）のオニール社長は、率先してリストラに着手し、企業戦略を練り直した結果、二年間で四億ドルのコスト削減を成し遂げた。一九九一年に会社の現状を見直し、世界各地のＡＬＣＯＡ社の二二の支社に対して、「現在の数字と目標値のギャップを二年間で最低八割埋めること」を要求した。

一年も経たないうちに、リストラ計画の核をなす一九〇項目のうちの三一項目が達成され、目標値を上回るものすら現れた。こうした驚くべき離れ業を、オニール社長はどのようにして成し遂げえたのだろうか。全従業員の努力の賜物にほかならない。オニール社長は、それまで経営管理部門が占有していた情報を全社員に定期的に公開し、社員の権限をより大きくした。社員の勤務査定のやり方を改め、企業組織の柔軟性を高め、全社員に主体的決定権を与えたのである。

オニール社長の提唱する社の価値規範は「清廉潔白を旨とし、人材を重視し、安全を保障する」である。この三つを実行することにより、全社員が「会社経営の秘訣であるリーダーシップを発揮するようになった」と氏は語る。

「個」の力を充分に活かし、かつ公正な価値規範に根ざした企業経営を行い、人と世に貢献する……単なる理想論ではなく、増収に貢献したこの例は説得力がある。

今日、企業を取り巻く環境が大きく変化しているが、その新たなコンテキストにおいて、企業経済を包含する経済学のパラダイム・シフトが問われているような気がしてならない。

そこで、本章では本書のキー概念であるマインドウェアを説明するにあたって、アカデミックな位置付けを試みてみたい。今しばらく、理論的な叙述が続くがお許しのほどを。(3)

一　経済学的な位置付け(4)

日本企業の経営は日本の文化に根ざした特殊なものなのか、普遍的な合理性を持つものなのか。日本的経営の本質とは何なのか。アカデミックな研究から、ジャーナリスティックなアプローチまで、このテーマに関する論はまさに百花繚乱の感がある。

古くはジェームズ・アベグレンや中根千枝に代表される文化論的見解(5)から、七〇年代以降のロナルド・ドーアや小池和男の普遍論的見解[6]、近年では青木昌彦の設計者的見解[7]等と、さまざまな見方があり、一向に収斂に向かう様子はない。また、島田晴雄は日本的経営の三種の神器のひとつと言われる「終身雇用」を「約束された制度でも法律でもなく、かつての高度経済成長の結果、世間に醸成された期待感に過ぎない」と解釈している[8]。

近年の日本を取り巻くメガトレンドの変化は、過去の経験から将来の傾向を予測するのではなく、これまでとはまったく違った発想に基づく新たなパラダイムを必要としていると思う。

従来の経済学では企業は市場の中の「点」であり、企業はブラックボックスであった。ミクロ経済学では企業を市場の原子的要素とみなしているが、企業の競争力や環境適応能力を解明するためには、さらに企業内部の構造と働きを理解する必要がある[9]。著名な経済学者ライベンシュタインは、企業内の個人がいかに企業行動に影響を及ぼすのかを経済学で問うのは当然のことであり、この「ミクロ・ミクロ経済学」が経済学の主たる分野のひとつになるべきである、と言う[10]。

企業の成員間の相互作用が企業の意思決定と行動に影響を及ぼすとすれば、企業の構成要素として不可欠である人的資源に照準を合わせて、ブラックボックスの中身を研究する必要があると思われる。

伝統的には、経済学は企業の組織の構成要素である人的資源を扱う場合、個人の個性はもともとホモジニアス（同質）ではなくヘテロジニアス（異質）であると捉え、このヘテロの持つ弊害をいかに除去するかに腐心してきた。すなわち、均質化（homogenization）を図り、組織の活動の中で一定のルールや基準を設け、ヘテロ的要素を排除することによって、効率を達成しようとしてきたのである。

企業がヘテロであれば、多大なコストがかかる。そこで情報交換等のコストを組織的にミニマムにするために、ルールを決めてそれに従わせる、組織のルーティンワークにおける効率化が図られてきた。これはいわば、静的なモデルである。

しかし、組織は静的なものではなく、世代を経て存続するダイナミックな存在である。ホモジニアスな組織は一定の条件下では効率がいいが、条件が外部要因等の変化で変わった時には、ヘテロジニアスな組織の方が適応力があると考えられる。すなわちヘテロな組織の場合は、組織内にすでに異質なものとの調整プロセスが組み込まれているため、外部との調整も、より創造的に行うことができる。ヘテロな組織では内部の異質性を活性化して外部の変化に対応することが可能となり、長期的な変化にも適合できるのである。

日本企業のみならず、企業が海外展開を行う時には、個人の個性という多様性の他に、異文化というヘテロの要素が関わってくる。当然、ヘテロな要素の集合にもプラスとマイナスの効果があるから、一義的に効率向上に結びつくとは言い難いが、だからと言って、あらゆる条件を一定にして効率を追求するという、静的な最適化はもはや、時代の要件を満たさない。組織にとって望ましいことが外部環境ともマッチして、プラスの効果が生み出されることが望ましい。そのメカニズムを解明することによって、「点」をブラックボックスではなく有機体として捉え、現実と乖離してしまったと言われる今日の経済学を、再び夢のある学問にすることができるのではないだろうか。

二　社会的存在としての企業と経済的存在としての企業

ここで、経済学的位置付けに加えて、「社会的存在と経済的存在」としての企業を論じたい。

企業とは「ひとつの管理組織の下にある生産的資源の集合体で、購入市場から入手する財やサービスに主に技術的な変換をして市場で販売する経済主体である」と、経済学的には定義できる。[11] しかし、企業は経済主体のみならず、「社会主体」としての側面も兼ね備えている。

戦後の日本の発展において、企業は重要な役割を果たしてきており、日常生活の隅々まで大きな影響を及ぼしている。国際的な展開においても、今日の日本の国際社会における地位を築く牽引力となったのは企業である。企業は技術や資本や情報の強力な集積体であり、経済的な存在としてのみならず、社会的な存在として、その真価が問われている。すなわち、収益性、生産性、成長率等の経済面に加えて、社会への貢献や環境への配慮、企業の構成員である社員の自己実現という社会面が重要であり、この二つの側面の調和を図ることが不可欠である。

さらに、企業が国境を越えて事業を展開する今日においては、企業の社会的価値は一国内に限定されず、複数の国籍や文化に対応する、グローバルな視点が必要となった。

これまで、日本国内において、経済的側面（economic rationale 仮にＥＲと呼ぼう）と社会的側面（social rationale ＳＲ）がマッチしていたかは、論議を呼ぶところである。確かに、欧米先進諸国に追いつこうとした高度成長期には、企業は急速に成長し続け、あたかも、ＳＲとＥＲが調和していたかのような様相を呈していた。若年労働力の供給は豊富であり、若年者の賃金は低めに設定されたが、勤続年数が増えれば、高賃金が得られるという期待感から、不満は表面化しなかった。また、欧米先進国から技術を導入して、日本国内の安価な生産コスト（当時）で価格競争力の高い製品を大量生産して輸出するため、突出した創造性より、むしろ一定レベルの安定した能力が必要とされ、教育現場も画一的教育により、その需要に充分答えていた。また、高度成長期にはパイが持続的に拡大していたために、組織の中に無駄を許容することもできたのである。

このように、将来のＳＲの上昇を期待して、ＥＲ∨ＳＲで均衡（疑似均衡）していたと解釈できるのではないだろうか。

しかし、欧米に追いつき、豊かになった日本人が「明日」より「今日」の充足を求めるに至って、これまでの強い上昇志向と期待感に支えられた疑似均衡が崩れるのは、自明の理である。低成長期にあり、飛躍的なパイの拡大が望めない現在、そして将来的にも日本経済が成熟期にあり、以前のような右上りの成長が望めないとしたら、新たなＥＲ＝ＳＲに向かっての流れは当然の帰結であり、また、望ましいレベルにおける均衡に向かっての努力が必要であると思われる。

この疑似均衡の矛盾は、日本企業の海外展開における現地人社員のマネジメントの躓きにその前兆を見ることができる。（ここで言う現地人社員とは主に、現地人の管理職や事務職のホワイトカラーを指す。）

日本企業の海外直接投資が年々、増加するにしたがって、現地で人を雇用し、現地の「知」を取り入れ、現地の社会に溶け込む必要性が生じてきた。現地人社員は、SR上昇の期待感によるER∨SRの疑似均衡を容認することはないため、日本人の駐在員のようには働かない。それが往々にして「現地人社員は勤勉でない」という誤解を生む。実は、滅私奉公に代表されるような「従来の日本人のロジック」が通用しないだけのことである。そこでコペルニクス的転回が必要となろう。

それぞれの地域の特殊性に配慮しつつ、普遍的な企業理念を育み、グローバルな見地からのER＝SRの実現が必要である。それは翻っては日本国内の新たなER＝SRの実現にも寄与する。このように、両者が同時進行することによって、日本企業の特殊性が軽減され、内外の矛盾が解消に向かい、日本企業が真にグローバルな企業として発展する可能性か開かれると思われる。

三　マインドウェアの人事戦略

それでは、経済主体であると同時に社会主体であり、好ましいグローバルなプレゼンスを持つ企業はどのような姿であろうか。

その根幹をなすのが、「等距離」の人事戦略であると筆者は考える。「等距離」とは、「日本人の、日本人による、日本人のための会社」ではなく、異なった国籍や文化的背景を持つ人々が、距離を越えて「自分の会社だ」と思える企業の理念である。

これまでの日本人駐在員に依存した現地経営が限界に来ている現在、日本企業の海外直接投資の生命線は、現地の優秀な人材の確保であるといっても過言ではあるまい。そのためには、文化の違いを越えた普遍性を意図的に設計し、誰もが納得する公正・明快で合理的なルールを作り出す必要がある。現地人社員と共に仕事をし、日本国内で外国人社員と協働することは、ともすれば井の中の蛙でありがちな日本人社員の国際性をはぐくむ絶好のトレーニングにもなる。また、全社的に明確なポリシーのもとに「等距離」企業の創造を目指すことは、日本企業がしばしば指摘されている閉鎖性を克服し、開かれた企業に脱皮することを意味する。このような脱日本国籍に成功した企業、そして「個」を活かす企業こそが、二十一世紀のリーディング・カンパニーではないだろうか。

以上の論点を概念化するために、「マインドウェア」を創出した[12]。

等量の生産要素をインプットしても、人間の介在の質的レベルによって、アウトプットは大きく異なる。日本の製造業においては、品質の良さは生産技術もさることながら、「人と技術のかかわり合い」（ヒューマンウェア[13]）が優れていることに負うところ大である。その海外移植の可能性については、すでに多くの在外日系企業に関する研究報告が実証している。

これに反して、日本企業の意思決定のプロセスや人事管理は外国人社員（特にホワイトカラー）には理解し難く、日本企業のグローバル化の桎梏《しっこく》となっている。性別、国籍等の属性の如何にかかわらず、同じ土俵で勝負できる仕組みがあり、公正に処遇することは大前提である。このような精神に則り、普遍的な企業理念を持ち、高い目標を掲げることによって、そこに働く人々に強いモティベーションを生起させることができる。これが、マインドウェアのねらいである。

1　産業・組織心理学的背景

組織の効率と人間の尊重を調和させるにはどうしたよいかという課題は、古くて新しいテーマである。これまで、学問的には産業・組織心理学という分野がさまざまな角度からこの問題を扱ってきた。生きがいを持って、嬉々として仕事をしている人がいる一方で、与えられた仕事だけを惰性でしている人もいる。まさに千差万別であるが、この違いを解明する糸口として、心理学は主に「モティベーション」の概念を用いている。

すでにかなりの研究の蓄積があり、本書ですべてを網羅することは到底できないが、その中で代表的なものをいくつか紹介しよう。(14)

【ローラーのモティベーション理論】

ローラー（Lawler、一九七一年）はモティベーションと業績（パフォーマンス）の関係を次のように公式化している(15)（fは関数 function の略号）。

業績＝f（能力×モティベーション）

式が積の形をとっているのは、業績が二つの変数の単なる和によって決まるのではなくどちらが欠けても高い業績は期待できないことを示唆している。能力は訓練等によって上昇する可能性はあるが、短期間に上下するとは考え難い。従って、総合的に安定した業績を確保するにはモティベーションの管理が重要であるとローラーは主張する。

【ロックの目標設定理論】

目標とは、個人が成し遂げようと試みるものであり、行動の対象である。「目標設定理論」は一九六〇年に心理学者ロック（Locke）によって提唱され、動機付けの手段として目標を用いる管理方法の理論的な基礎を成したものである。

ロックによれば、目標に効果を持たせるには、目標の明確さと共に「高さ」を考慮する必要がある。実際に目標設定に関して行われた多くの実証研究では、目標の困難度と業績の間に正の相関関係が見出されている。(16)

【マズローの欲求階層説】

これは大変ポピュラーな説である。マズロー（Maslow、一九五四年）は欲求を生理、安全、愛情、自尊、自己実現の五段階に分類している。この階層構造では、より高次の欲求が活性化するには、それよりも一段低いレベルの欲求が満たされることが前提となる。(17)

【組織における人間観の変遷】

シャイン（Schein、一九八〇年）によれば、組織における人間観の初期の仮説は「合理的経済人」である。この仮説は、労働者を、本質的には経済的刺激によって動機付けられ、経済的な報酬が最大になるように行動する存在であると捉えている。

その後、経済の発展により、生活が豊かになるにつれ、労働者は組織に対して、経済的な報酬以外も期待するようになった。ここから生まれたのが「情緒的社会人」という仮説である。これは、労働者は基本的には社会的な欲求によって動機付けられるという仮説で、経営管理においては職場の人間関係を重視するべきであるという考え方である。

もうひとつの仮説は、マズローの説を基とする「自己実現人」としての人間観である。この仮説は、人間が本来自己の内部から湧き出てくるものによって動機付けられる存在であり、仕事を通じて成長する能力を持った存在として人間を捉えるものである。

シャインは以上の三つの説は有意義であるが単純過ぎるとして、人間はさまざまな欲求を持った複雑な存在であるという「複雑人」としての人間観を提唱している。(18) 今後は、こうした「複雑人」としての人間観に立ったモティベーション管理のあり方が一層、重要になるであろう。

【マグレガーの「X―Y理論」】

これは欲求階層説を発展させた組織行動モデルである。マグレガー（McGregor、一九六〇年）は、低次の欲求によって人は動機付けられるという考えに基づく管理方法をX理論、高次の欲求によって動機付けられるという考えに基づく管理方法をY理論と呼んでいる。(19)

【ハーツバーグの動機付け理論】

給与や労働条件等の「衛生要因」だけでは充分でなく、その土台の上に目標の達成や仕事における責任、自己向上といった「動機付け要因」が必要であるとハーツバーグ（Herzberg、一九五九年）は説いている。(20)

この他にも、ブルームの期待理論、QWL（quality of work life 労働生活の質）等の理論があるが、紙幅の関係上、本章では以上の概観に留めたい。

2　マインドウェアの定義

以上の理論的背景と前述の視座を踏まえて、筆者の創出したマインドウェアを次のように定式化しよう。

モティベーションと能力によってパフォーマンスが決まるという前述のローラーの公式は、大切な、視点である。個人個人のアウトプットは能力とモティベーションという二つの変数の関数である。また、モティベーションは報酬等の経済的な欲求と環境への貢献や自己実現といった社会的な欲求の両面によって決まると考えられる。さらに、国際的なコンテキストでは国籍や文化の多様性・異質性というもうひとつのマトリックスが関与する。

個人のアウトプット＝f（能力、モティベーション）

モティベーション＝f（社会的欲求、経済的欲求）

そこで、グローバルな企業においては、異文化の文脈において「個」を活かすにはどうしたらよいかを規定する概念が必要となる。すなわち、①多様な価値観や能力を充分に活かす。②自分と異なる立場を尊重し、個別の文化的、習慣的属性的要件に配慮する。③これらの要件による制約をせず、自己実現のチャンスをすべての人に等しく与える。

この三つを簡潔にまとめれば、次のようになる。

〈多様性を活かし、異質性を尊重しつつ、チャンスの平等性を確保する〉

これがマインドウェアの要諦である。この概念を実行することによって、国籍や文化やジェンダーの違いを問わず、一人一人の能力が最大限に発揮され、アウトプットが増大・向上する可能性が開かれる。

企業のアウトプット＝f（個々の能力、マインドウェア）

マインドウェアの実践により、企業は自社にとっても社会にとっても有用な人材を属性に捕らわれずに採用することができ、かつその貴重な人材をよりよく配置することができる。また、個人は持てる能力を最大限発揮し、自己実現と社会貢献の両面で豊かな人生を開くことができる。さらに、マインドウェアに則った企業は、これによって世界各地の地域社会に貢献し、望ましい企業市民としての地位を確保していくことができるのである。

日本企業のグローバル化は後戻りできない道である。すでにルビコン川を渡ってしまったのかもしれない。そうであるとしたら、地球規模の行動規範を規定する、まったく新しい地図が必要である。そのパスワードがマインドウェアである。また、日本人の仕事のあり方が転換期を迎えている今日、その道標となるのもマインドウェアである。マインドウェアを理念として掲げ、かつ、実践する企業は、二十一世紀に大きく飛躍することができると信じる。

Diversity and Transcultural Management

第三章

海外直接投資に打って出た日本企業

海外現地法人の社員の生の声に、その日本企業がどの程度前向きに現地人社員を活かそうと考えているのかを読み取ることができる。そこにはマインドウェアの息遣いの違いが感じられるのである。

＊本章は『増補新版　心根（マインドウェア）の経営学』第七章を一部加筆・修正したものである。

グローバル化という点では日本企業は欧米に後塵を拝したが、今では多くの企業が海外に拠点を持ち、現地でさまざまな文化的背景の人を雇用している。本章では、その萌芽期の人事戦略に焦点を当てる。

筆者は一九九三年八月にフランスとルクセンブルクにおいてヒアリングを行った。フランスではソニー・フランスと丸紅フランス、ルクセンブルクではルクセンブルク東京銀行（当時）と邦銀一行（以下、ルクセンブルクA銀行と記す）[1]を訪ね、日本人幹部社員並びに現地人幹部社員の忌憚のない話を聞くことができた。ヒアリングは、あらかじめ送付した質問のリストを基に行われたが、話はしばしば、本題を逸れて多岐に渡った[2]。当時得たこの収穫は、二十一世紀の人事戦略を眺望する上でも有効であろう。以下は、四社のヒアリング結果をまとめた当時の文章を再録したものである。

一　ソニー・フランス

パリ西部にあるソニー・フランスはガラスばりの近代的なビルである。玄関を入ったロビーにはソニーのさまざまな製品が展示されており、真ん中の受付けには感じのよいフランス人のレセプショニストがにこやかに座っていた。筆者が到着すると、名前を告げるまでもなく、すぐに担当者を呼び出してくれた。しばらくして、四十歳前後のフランス人が現れ、流暢な英語で挨拶をした。人事部長のピブトー氏である。

上の階の彼のオフィスは夏期のせいか、数名しか働いていない。モダンで機能的な家具が、広いフロアに分散して配置されている。会議室で、日本人幹部、フランス人人事部長の順で話を伺った。

1　日本人のトップであるジェネラル・マネジャーに話を伺う

●ソニー・フランスの事業の概要と歴史

「ソニー・フランスは会社としてはひとつで、その中の営業部門（Sony France S. A.）がパリにあります。**図2**（次頁）に示すように、工場は、アルザス、バイヨン、ダックスの三カ所で、アルザス工場ではCDプレーヤー、½インチ・ビデオ、8ミリ・ビデオカメラ、ダックス工場ではビデオ・テープ、バイヨンではオーディオ・テープと電子デバイスをそれぞれ生産しています。ソニー・フラン

図２　ソニー・フランスとフランス国内の生産拠点

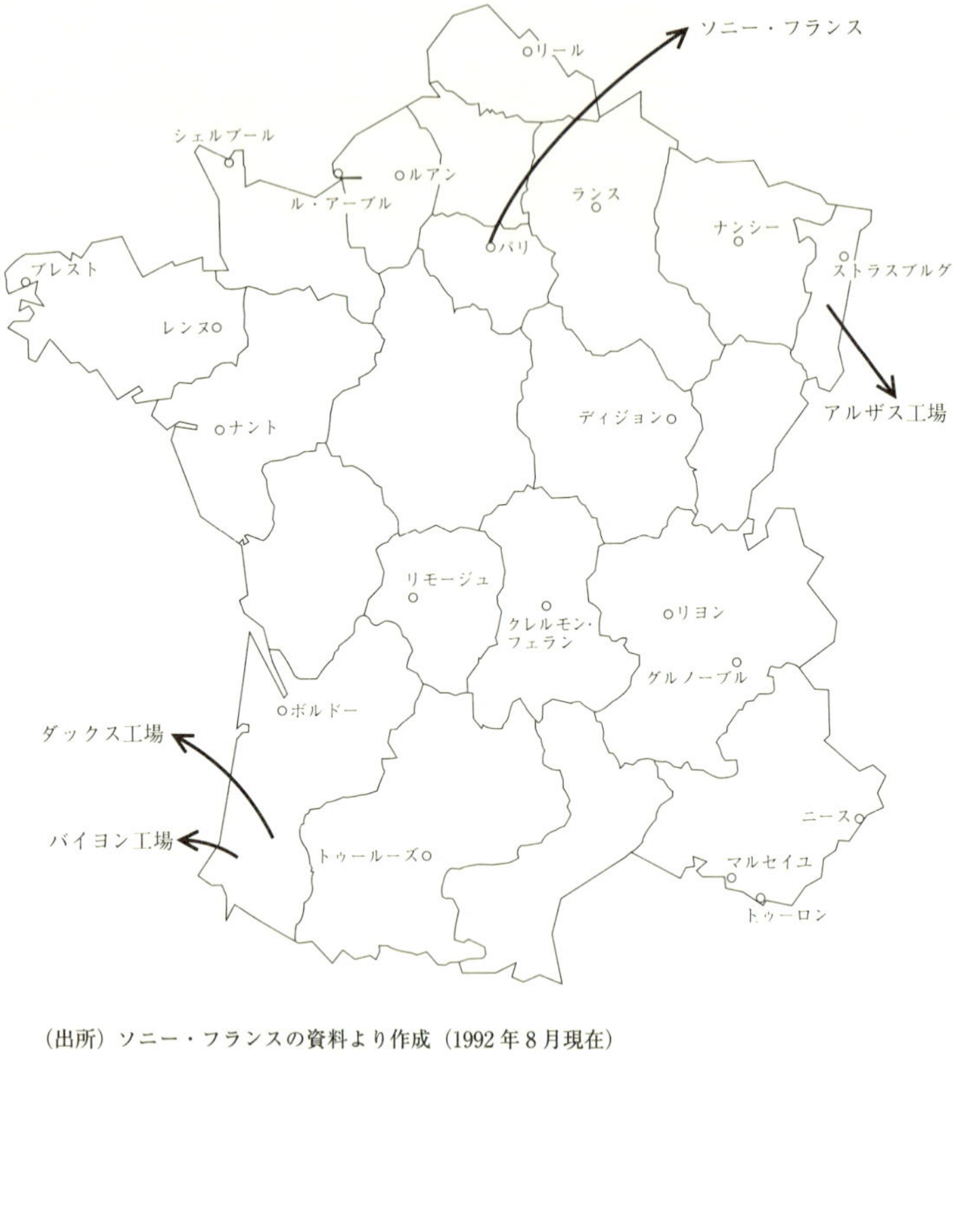

（出所）ソニー・フランスの資料より作成（1992 年 8 月現在）

スの生産の八〇％は他の欧州諸国に輸出されています。社員の数はパリは約五百名、フランス全体で約三千名で、年商は九二年度は七七億フラン（約一四〇〇億円）でした。

ソニーのフランスにおける事業は一九六二年に現地代理店がソニー製品の販売を始めたことに端を発しています。その後、六八年に Tranchant Electronique 社がソニーの代理店として輸入販売を開始し、七三年にスエズ銀行とソニーが出資を折半して合弁会社 Sony France S. A. を設立しました。当時は、ジスカールデスタン氏が大統領で、外資系企業に対する規制が厳しかったために、インド・スエズ銀行の出資を仰いだといういきさつがあります。七九年にはソニー（株）一〇〇％の子会社となり、その後、事業を拡大して、現在に至っています。」

●極めて進んだ現地化

「**図3**（次頁）はソニー・フランス（パリ）の組織図、上が本社機能部門、下が事業部門です。社長はフランス人で、その下に本社機能として、人事部、財務部、総合企画部、法務・渉外部があります。事業部門は六つあり、コンシューマー・プロダクト・グループが売上の七割を占めています。

意思決定機関は複数のレベルから成り立っています。一番上に役員会があり、メンバーは社長、アルザス工場代表者、バイヨンとダックスの両工場の代表者、ソニー・ヨーロッパ（地域本社）社長と私で、その他、社外重役としてインド・スエズ銀行のメンバーと前ソニー・フランス社長がいます。

このうち、日本人は二名に過ぎません。次の段階に各部門のディレクターで構成される経営委員会が

図3　ソニー・フランスの組織図

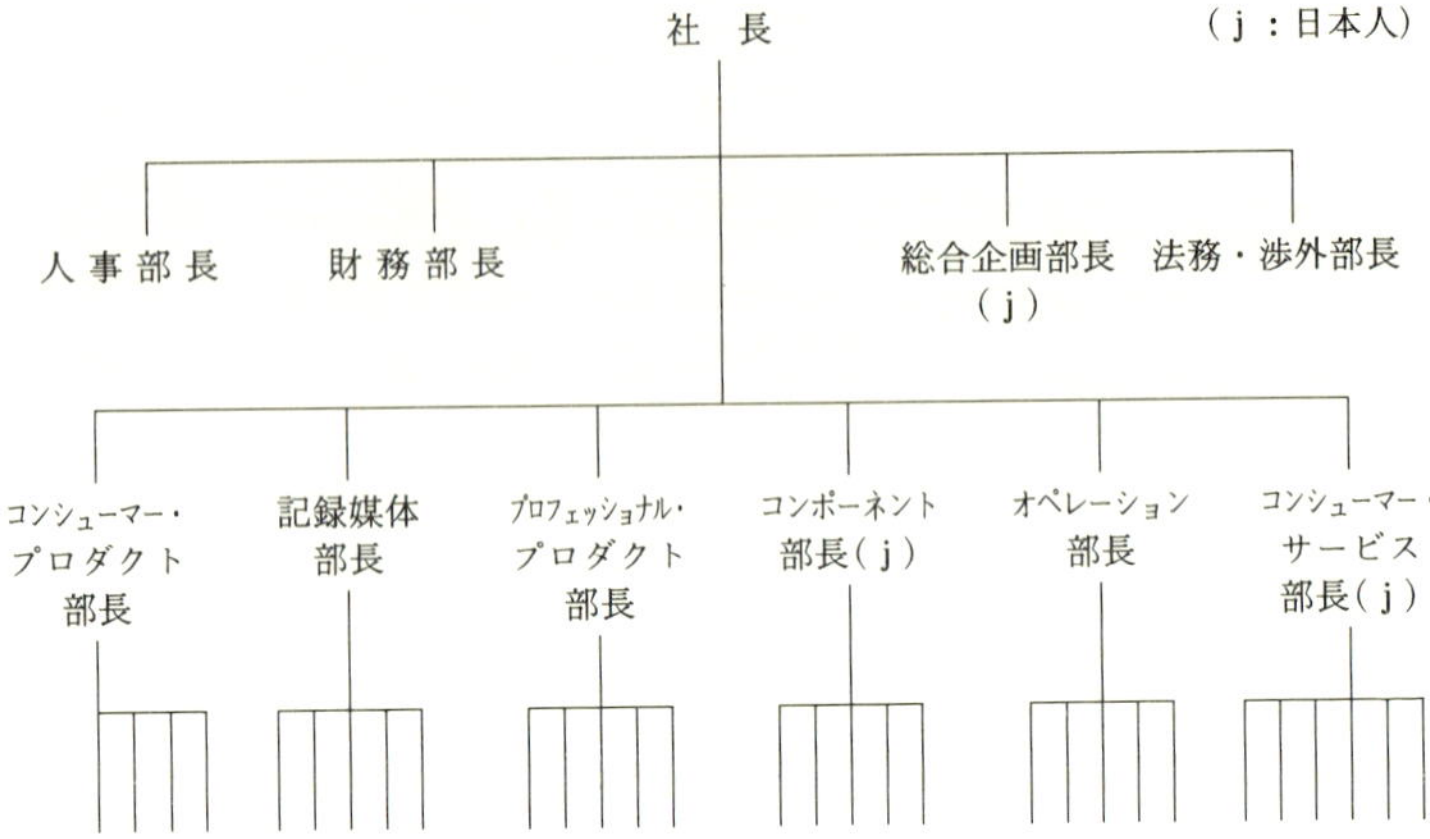

（出所）ソニー・フランスの資料より作成（1992年8月現在）

あり、ここではオペレーションに関する事項が決定されます。

ソニー・フランスが設立された当初は経営陣は日本人だけでしたが、一九八三年に初めて現地人が社長になり、以降、今日まで社長はフランス人です。現社長は三代目ですから、トップが現地人になって十年経ったわけで、定着していますね。事業部門はかなり前から現地化しており、本社機能も財務、法務、人事のいずれもトップはフランス人です。ソニー・フランス（パリ）の五百人中、日本人は八人に過ぎず、フランス全体の三千人のうちでも日本人は五五人だけです。」

●現地化の限界

「このようにソニー・フランスの現地化は大変進んでいますが、事業本部の現地化は遅れています。R&D（研究開発）部門を海外に移転しなければ現地化は難しいでしょう。現在、海外にある事業部（ビジネスユニット）は日本の事業本部の出先機関に過ぎません。例えば、TVEはテレビ事業部で、英国のロンドンにあり、CVEはビデオ事業部でオランダにあります。事業部は各国に置かれている販売会社や本部と同じ屋根の下に入るわけですが、組織上はまったく別になり、スタッフもほとんど日本人です。

R&Dは基本的にはすべて日本ですが、放送関係のR&Dが英国に、ビデオ、テレビのR&Dがドイツに、というように海外にも多少あります。将来はR&Dのトランスファーも必要だとソニーのトップは考えており、恐らく、三〜四年後には実現するのではないでしょうか（その後、ソニーの海外の研究開発拠点は二十数カ所に拡がっていった）。

図4　ソニー・ヨーロッパの経営構成

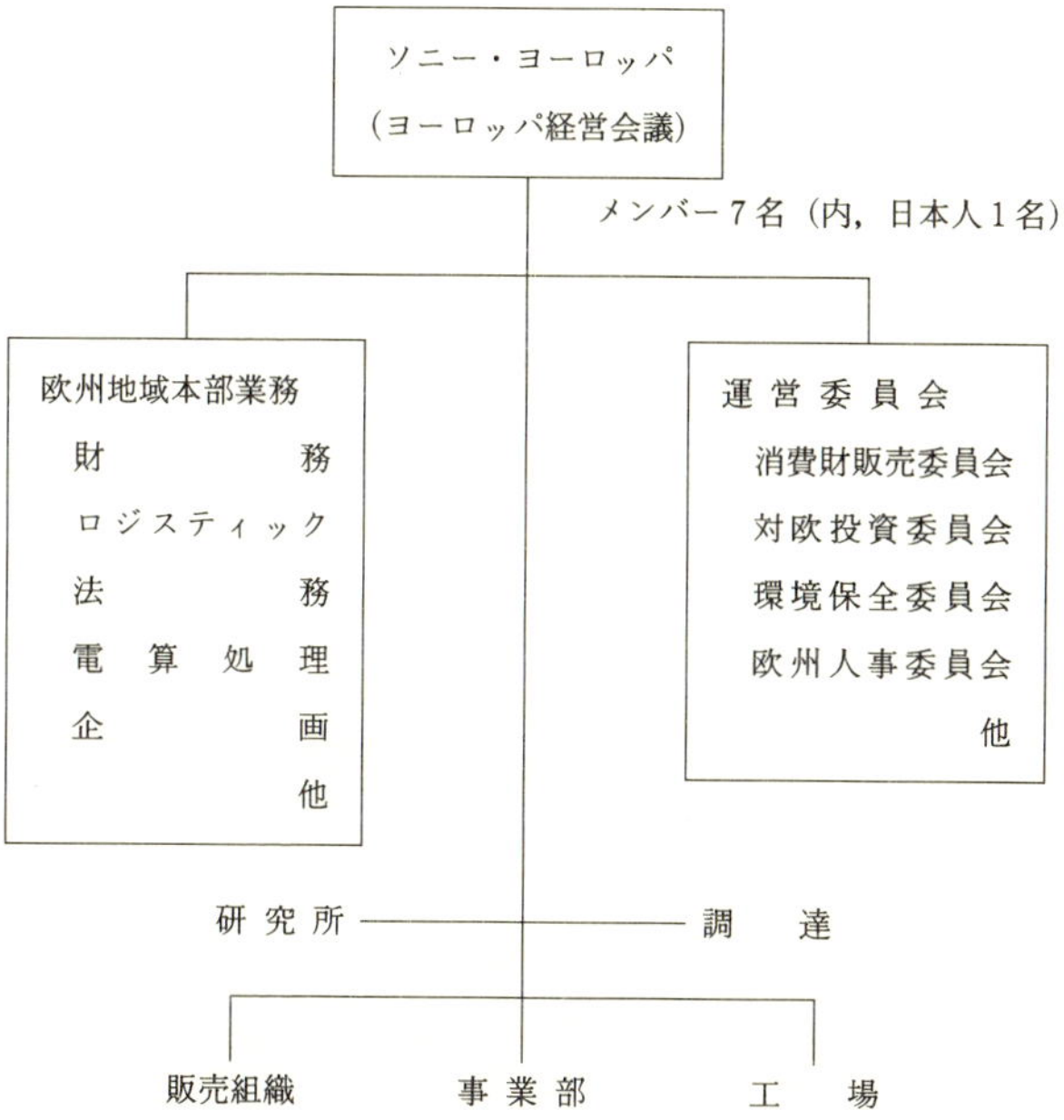

（出所）ソニー・フランスの資料より作成（1992年8月現在）

現在は**図4**に示すように販売組

織と事業部と工場が並列していますが、これが縦になり、例えばテレビなら、テレビのグループを別会社にして、工場や販売部門をその下に付けるという形になるかもしれません。そこで初めて、本当の意味でヨーロッパ化すると言えるでしょう。アメリカの企業がヨーロッパ化を始めたのは一九六〇年代であり、三十年以上かかって現在に至っています。これに比べて、日本は国際化の道を歩み出してまだ二十年ですから、あと、十年はかかるでしょうね。グローバル・ローカライゼーションの次のステップは何かと考える時に、事業本部の現地化とR&Dの海外展開の問題につき当たります。ソニーは最先端を行っているために、手本となる日本企業がなく、かえって次の一手が難しいですね。」

●コミュニケーションへの配慮

「日常業務は、文書を含めて基本的にはフランス語です。ただ、会議の場合は社内は全部フランス語でやり、ヨーロッパ・ミーティングは英語です。これはソニーのひとつの特徴ですが、どんな人でも、うまく話せなくても恥ずかしがらずに英語を話す努力をしています。英語を母国語とする人もなるべく分かりやすく話そうと努力しています。ただし、社内は圧倒的にフランス人が多いため、日常業務にはフランス語が必要です。日本人はフランス語の習得にかなり苦労しますね。ただ、最近はフランス人も英語が堪能になってきているので、ビジネスは英語でこなすことができ、言語の問題はかなり軽減されたと言えるでしょう。ソニーでは日本本社との連絡においても、日本語を話すのを遠慮しています。現地人は日本語を聞いて、いったい何を話しているのかと訝しがると思いますので。日本語で話した時は、あとできちんと説明する努力を怠らないように気をつけています。」

●思考における日仏の違い

「第一の例は会議に対する考え方の違いです。フランス人は会議を嫌がる人が多いんですよ。日本人にとって会議は確認と前進の手続きのひとつですが、フランス人は会議は時間がかかるし、自分の意見を人に合わせたり、考え方が標準化されるので嫌がるのでしょう。また、日本人は会議の席上で、共通の意見や将来の方向を一生懸命捜そうとしますが、フランス人の場合は会議の中に会議が生まれたり、隣の人と別のことを話たり、会議の主題から外れた話に夢中になったりすることがあり、うまく行かないことがよくあります。例えばアメリカ人だったら、初めに結論があって、次にその理由を述べますね。日本人は初めにいろいろ説明をしてから、最後に結論を言います。フランス人はロジックに従って、論理的に話を進めますね。

第二の例は結論をどの程度、尊重するかという点です。フランス人は結論をあまり大切にしません。例えば予算に関して言えば、これは日本もアメリカも同じですが、一度立てたら、そこに決められた数字内に納めようと努力しますが、フランス人は予算は手段であって、変えてもいいと思っています。フランスの優秀な社員は手際良く予算を作成しますが、すぐにしかじかの理由があって、こう変えたいと申し出るわけです。例外事項を非常に大切にするような風土がありますね。良く言えば、変化を尊ぶというのでしょう。

ソニー・フランスはフランスの会社ですが、ソニー・カルチャーの影響を受けているため、コンセンサスや根回しもあります。初めは抵抗があったようですが、人間関係をベースとした仕事の決め方が非常に効果があるとフランス人社員も今は認めています。時には公式の会議よりも、外で一緒に食事をしたり、飲んだりして話し合って決めたことの方が効果があるという点は否めません。この辺はとても日本的ですね。」

●ハイ・ポテンシャル・マネジャー

「フランスでは社会的にソニーのイメージがとても良く、シオンスポ（パリ政治学院）やポリテクニックなどのグランゼコールからストレートでソニーに入ってくるようになりました。定着率もいいですね。むしろ、問題は入社後にどこまで昇進できるかです。例えば、人事部長は入社して十年になりますが、これから先が問題ですね。今後、別会社を作って社長にするなど、昇進の手段を講じたいのですが、この不景気ではどうなりますか。定着率がいいといっても、重要な地位に就いている人たちが昇進の限界を感じ、退職することも考えられます。現在、『ハイ・ポテンシャル・マネジャー』という三〇人ぐらいの有能な社員がソニー・ヨーロッパに登録されていて、インターナショナル・オフィサーのような役割を果たしていく可能性があります。全世界ベースの人材活用に関しては、ただ人を動かせば良いというものではなく、自分のホームグランドがあって、かつ海外に行くのであれば成功するでしょうが、アイデンティティを失ってはならないと思いますよ。日本本社の役員に外国人がなることは歓迎すべきことで、もっとその数を増やしてもいいのではないでしょうか。外国人社員にとって、すごく励みになりますから。」

●国際的なスタイルと本当の実力

「ソニー・フランスは独立しており、日本から指図されることはほとんどなく、自分でイニシアティブが取れるので、フランス人の社員にとっても仕事がやりやすいと思います。フランス人がトップである現在のシステムは大変いいですね。

フランス人は日本からの赴任者のトータルな実力を常に厳しく評価しています。実力がないと思われた瞬間、もうだめですね。派遣された人が優秀でないと文句が出ます。実力というのは、フランス人とうまくやれて、強い面を一つか二つ持っていて、リーダーシップがあることを意味しています。要は『ばかにされない』ということですね。

価値観の問題としては、フランス人のエリートは一般的に、スマートさに欠ける人は好みませんね。会社のトップにはそれなりのスタイルを期待しています。ヨーロッパの人は外観を気にしますね。日本人の役員でもフランスに来るとその価値を半分にしか見てもらえないことがありますよ。このギャップを埋めるには日本側が変わらざるを得ないでしょうね。ソニーは古くから海外に出ているし、一定以上のレベルが確保されているかもしれませんが、ヨーロッパでは第一印象が大切で、全体として見た感じの良さが必要とされます。国際社会で受け入れられるにはそれなりのスタイルがあるのではないでしょうか。日本の企業はもっとこの点に気をつける必要がありますね。」

●ソニー・スピリット

「ソニーのグローバル化を考えると、生産段階はだいたいグローバル化は終わっており、今はデザインの段階にあります。リサーチの方はまだまだですね。R&Dまでグローバル化すれば、事業部の現地化も進むと思います。例えば、フランスは電気通信では世界でナンバーワンですから、フランスにソニーの電気通信研究所を作るように、私はかねてより提案しています。フランスではミニテルや光ファイバーのネットワークが発達しており、電気通信のエンジニアの層が厚いので、今から優秀な研究者を確保して、ここで技術を開発して、電気通信機器を企画し、既存の工場を利用して生産すればいいと思いますよ。その時に初めて、本当の意味でのヨーロッパ化、グローバル化と言えるのではないでしょうか。

何を以てグローバル化の完結とみなすのかは非常に難しい問題です。産業の空洞化に行き当たる恐れがありますね。企業は確かに絶えず変身していかなくてはなりません。すでにハードでは儲からないことを見抜いて、多くのメーカーがマルチメディアの分野に参入してきているが、果たしてこれでいいのでしょうか。マルチメディアは二十一世紀には日常の生活に根づいていくと思いますが、当面をつなぐ画期的な商品が無く、苦しい状況です。

現地人の登用に関しては、以前はサポートスタッフに過ぎないという、日本人との格差から来る不満があったかもしれませんが、現地化がここまで進んだ現在、問題はむしろ、日本人と現地人をどう活用するかにありますね。いいポジションを作り、双方を活かすような機会を設けるべきです。日本人と現地人が対立する時代は終わり、今は一プラス一をいかに三にするかを模索する時代ですよ。

ソニーの特徴のひとつはソニー・スピリットです。国籍を越えた理念を持った組織です。また、商品で言えば、他とは違う何かがある、審美的で、性能が良く、消費財として最高のブランドですね。そして、最高の技術を持つ企業で働く誇りがあります。技術的に最高のものを作ろうという目的を全社員が共有していると思います。

ソニーの最大の財産は自由な社風で、例えば、途中入社でもあまりハンディを感じません。仕事は高いレベルが要求されますが、自由に発言ができ、トップの人たちとも気楽に話ができますしね。こういう社風が続くかぎり、ソニーは安泰でしょう。ただ、ソニーも一九九六年には五十歳になるので、だんだんと官僚的になる心配もあります。ソニーはソニー・スピリットという大切な財産を活かして、日本の枠を越えたグローバル企業への道を歩んでいくでしょう。」

2 フランス人の人事部長に話を伺う

●人事評価のやり方

「ソニー・フランスの人事政策は信頼関係をもととする価値観に根ざすものです。コンセンサスの価値観の醸成も大切ですね。

人事評価に関しては毎年、すべての社員について定量的・定性的評価に加えて、人間的側面も評価しています。ソニー・フランス独自の『評価ガイド』を基にしていますが、特にチームワークを重視しています。評価ガイドの『人間的側面』の項目には例えば、適応能力、説得力、受容能力、コミュニケーション能力、顧客関係、チームプレイ等が入っています。

実際の評価に当たっては『人事評価表』を用いて、直属の上司と本人の双方がこの表に評価を書き入れます。例えば、将来に関しては『今後一年間の職業上の定性的・定量的目標』や、人間的な側面の進歩についての欄もあります。モティベーション、キャリアプラン、未活用の潜在能力等を面接で話し合い、書き入れて、最後に本人と直属の上司とその上の上司がサインします。管理職だけではなく、すべての社員が人事評価の対象となり、同じフォームを用いて、毎年、五、六月に評価を行います。」

●人事政策の独自性と調整

「十年前から人事担当をしていますが、日本本社から人事政策について干渉されたことはまったくありません。ただ、ヨーロッパレベルで人材を調整する時は、ケルンの地域本社が関与します。

給与は完全に、個別化していて、年功による自動的なベースアップはまったくありません。人事評価に従って、人によってベースアップは〇%～五%と異なりますし、その他、業績目標を設定して達成した場合にはプレミアムが支払われます。」

●社員の教育とキャリア開発

「ソニー・フランスでは、給与総額の五％を研修費に当てています。フランスの他の企業の研修費の比率は平均一・五％ですから、この五％という数字はとても高いと思いますよ。

当社では人事異動を重視しています。いろいろなポストに就くことによって鍛えられますからね。自由にポストの間を移動することはフランスの企業では稀なケースです。有能な部下がいなくなると困るので普通、上司は躊躇しますが、ソニーでは自由に他の部門に行かせています。当社では五百人全員が電子メールを持っていますから、空きのポストがあるとすぐに全員にそれを知らせて、関心のある人は私のところに申し出るわけです。

毎年のローテーションは一五％（約七〇人）で、通常フランスでは四％くらいですから、それに比べて高いですね。異動は営業部門内で昇進することもあるし、営業から財務へ移動する対角線上の異動もあるし、同レベルの水平的異動もあります。このシステムの導入当初は反対意見もありましたが、今では好評ですよ。

男女についてはまったく差別していません。十年前に入社した時から、私は意識して女性の雇用を始め、営業を担当させ、女性に昇進の道が開かれるように腐心しました。始めは女性ができるはずはない、顧客も女性を受け入れないだろうという社内の声がありましたが、結果的にはうまくいき、今では社員の三〇％は女性社員です。管理職は四分の一が女性ですね。

雇用するに当たっては、専門的な質よりも人間的な質を重視しています。フランスでは通常、学位や技能や専門知識を優先させ、次に協調性などの人間的な側面を見ます。当社はその逆で、人間的な側面をまず第一に評価します。これは日本の影響でしょうね。選抜では面接とテストを受けてもらいます。仮に、学位や専門知識の面で優れている人と、その点では多少劣るけれども協調精神に富む人がいたら、後者を雇いますね。伝統的にはフランスはこのような選択はしてきませんでしたが、今は変わりつつあります。求人の形態は主に求人広告で、その他に自発的にソニー・フランスに職を求めてくる人が毎年、約千五百人もいるんですよ。ビジネススクールや専門学校や大学を卒業して、三カ月ないし六カ月実習を経て雇用するやり方もあります。

国籍についてはほとんどがフランス人で、その他、東欧、北アフリカ、ベルギーなどです。」

●異文化コミュニケーション

「まず、西洋と日本との間にはメンタリティーの違いがあり、それが分析方法の違いとなって現れていますね。いろいろな面を混ぜ合わせるやり方が日本的で、西洋人の場合には抽象的か具体的かのどちらかで、同時に両方を混ぜることはありません。日本人のアプローチは多面体ですね。この複雑性が根本的な違いを生み、意思決定、論理、コミュニケーションにおける違いを生み出しています。

第二にノンバーバルな（口頭でない）表現です。日本人はよく、口に出さないで、意思を伝えようとしますね。フランス人もアメリカ人やドイツ人に比べると言葉以外の以心伝心を試みることがありますが、日本人ほどではありません。日本人と話をする時には、直感を駆使して意味を理解しなければなりません。日本人は言いたいことの一部しか言葉にしませんから。でも、若い世代の日本人は意見をはっきり言いますね。ただし、人間的な深みがあまりないように思います。古い世代の方が本当に理解し合えれば、若い世代よりももっと、親密で深い人間関係を築くことができますね。

日本人は複数の角度から、根本的な原理を話すことなく、検討を進めますね。ですから、フランス人はその過程で何が何だかわからなくなることがあります。日本人のアプローチは本来、豊かなもので、プロセスにすべての人が参加することも大きなメリットです。これに比べて、フランスでは一人のリーダーが理論を展開し、他の人はその論理を理解しようと努め、それに則って話を進めるため、ロジックははっきりしていますが、参加者にとってはフラストレーションが溜ります。日本のやり方は時間がかかりますが、後でそれは取り戻せます。ソニー・フランスでは、フランスの個人主義的なやり方と日本のコンセンサスのアプローチを組み合わせています。

コミュニケーションというものは、共通の仕事があり目標が設定されている時はうまくいきますね。異文化間コミュニケーションの問題も、共通の目的や理念を持てば克服できるのではないでしょうか。」

●グローバルでオープンなソニー

「ソニーが私を必要とするかぎり、ずっとソニーで働きたいと思っています。特に人事管理については、ソニーは世界有数の企業ですね。人事戦略にここまで力を入れる企業は世界広しと言えども一握りに過ぎないでしょう。報酬に関しても、他社と比較して満足しています。ただし、ひとつ他のフランス企業と比べて問題なのは、長期的なインセンティブがあまりない点です。ストックオプションのようなインセンティブを設けるべきだと思います。

ソニーでは日本人以外も日本本社の役員になる道が開かれていますが、これはとても重要ですね。本当の意味でその企業がグローバルでオープンなことを示唆していますから。日本人が経営する企業で欧米のトップが意見を述べる機会が与えられているということは、企業の真の国際化の証明になりますよ。特に日本の会社は閉鎖的だと言われていますから、なおさら意義が深いと思います。

実は先日、社内でソニー・フランスはフランスの会社だと思うか、日本の会社だと思うか、あるいはインターナショナルな企業だと思うかを問うアンケート調査を行ったところ、何と社員の八五％がソニーはインターナショナルな会社であると答えました。恐らく、日本人を含めたソニーのすべての社員に同じ質問をしても、同じ答えが返ってくるのではないでしょうか。」

3　まとめ

以上のヒアリングに関して、次の五点を指摘してまとめとしたい。

一、今回のヒアリングにおいてはまず、ソニーの現地化が質、量ともに極めて進んでいることが確認できた。日本本社の人事部が掲げる「適材・適所・適時の全世界ベースのローテーション」

は絵空事ではなく、時間をかければ実現可能性のある目標であることがわかった。ヨーロッパに関しては、現在はヨーロッパ化の段階にあり、「グローバル・ローテーション」は将来の課題である。

二、グローバル・ローテーションは全社員を対象にするのではない。海外勤務を好む人もいるし、そうでない人もいる。母国で勤務しながら、短期海外研修等により、国際的な素養を開発することもできよう。国際化に関する価値観の違いもあるため、国籍や文化で分けるのではなく、個人個人のライフスタイルに合った複数のキャリア・パスを設ける必要があろう。

三、現地化の限界として、事業部の現地化の問題がある。建前としては、事業部の現地化がなければ、真のグローバル化は実現しない。しかし、事業部の現地化はR＆Dの海外移転を伴うため、日本の産業の空洞化を加速する恐れがあり、R＆Dの効率の低下や日本人社員の士気の低下が危惧される。本来、企業体質を強化するためのグローバル化であるべきものが、グローバル化のためのグローバル化になってしまい、ソニー本体の弱体化が懸念される。しかし、グローバル化のうねりはもはや、逆流するものではなく、その当然の帰結として、R＆Dの海外展開、事業部の現地化の進捗がある。従って、今後は世界経済の状況と新しい事業の展開の中で、マイナス面を補って余りあるプラス効果を創出していく必要があろう。

四、今回のヒアリングにおいて、フランスでソニーが超一流の世界的な企業として受け入れられていることが確認できた。グランゼコールを卒業したフランス人のエリートが就職を希望するということは、誇り高きフランス人の排他的傾向を思う時、筆者にとって大きな驚きであった。ソニー・フランスでは日本的な要素とフランス的な要素を融合した仕事のやり方を取っており、非常にうまくいっているとの印象を受けた。「日本異質論」が幅をきかせている現在、ソニーは世界企業として国際社会に貢献できるのではないだろうか。東洋で生まれた企業がグローバル企業のモデルを体現することは、歴史的にも極めて意義があると思われる。

二　丸紅フランス

パリのオペラ座付近は昔ながらの町並みである。その一角のビルの三階に丸紅フランスがあった。「商社斜陽論」が問われて久しいが、丸紅フランスの日本人社長は「日本の総合商社は揺るぎないものですよ」と力強くおっしゃり、数時間にわたってお話し下さった。また、もうひとり、日本人部長も同席され、大変有意義なヒアリングとなった。

1　ヒアリングの概要

●欧州における事業の概要

「丸紅の欧州本部はロンドンにある丸紅英国会社で、フランス、ドイツ、ベルギー、スペイン、イタリー、ハンガリー、ストックホルムに現地法人があり、さらに東欧六カ国に駐在員事務所があります。

丸紅フランスには、繊維、化学、機械、食料、財務経理、人事、社長室の各部門があり、いわば、東京の丸紅の分身で、不動産を除いて、東京で扱うすべての商品を扱っています。また、もともと丸紅フランス内にあったさまざまな事業が分散して、特定の分野に特化した事業会社が設立されています。

フランスでのビジネスは、対日輸出、対日輸入が主で、その他に第三国輸出入やフランス国内の取り引きがあります。三国間のビジネスは、設備投資を盛んにやっている中国や東南アジアで増えていますね。東京の丸紅が関与せずに、パリの丸紅フランスのみが関わっている仕事も少しはありますが、今のところそれは例外的です。」

●丸紅フランスの歴史と組織

「丸紅フランスの設立は一九六二年で、その後社員の数は逓増し、七〇年代には百人くらいいました。七〇年代の半ばに事業会社としていくつかの部門が独立して、丸紅フランスとしての社員数は減少しました。例えば、七四年にKUBOTA EUROPEが、七七年にはTEKMATEX FRANCEが機械部より独立しました。

社員の数は三二名で、そのうち六人が日本人の駐在員で、この他に現地採用の日本人が三名います。歴代、社長は日本人で、組織図（**図5、次頁**）に示すように、九つの部のうち、現地人が部長をして

図5　丸紅フランスの組織図

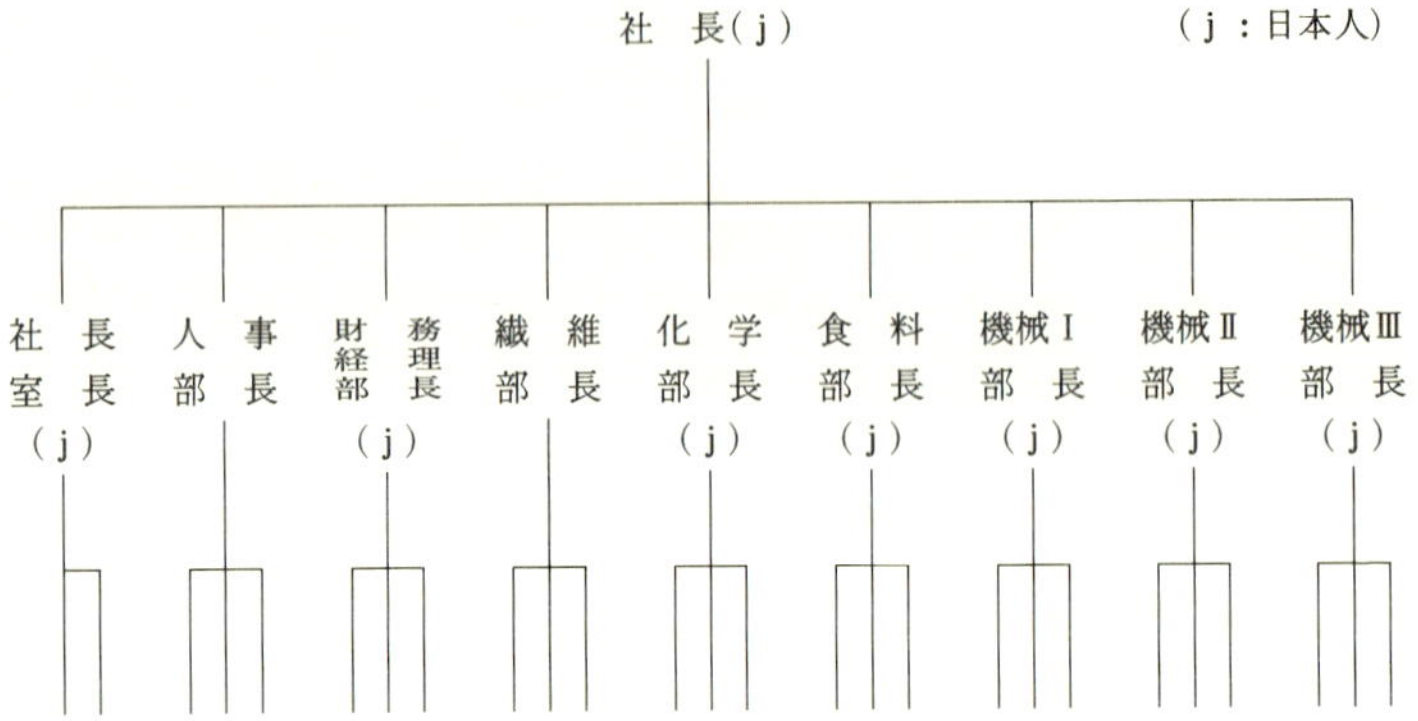

(出所) 丸紅フランスの資料より作成 (1993年4月現在)

いるのは人事と繊維の二つだけです。」

●商社マンは日本人

「商社の仕事の中心は世界中のものの流れをカバーすることで、商社マンが主体となって活躍し、これを補佐する形で現地の人がいます。原則として、共通語は英語ですが、仕事の中心となるのは日本人で、特に大きな商談については、日本語で行われます。二十四時間体制でビジネスを展開しており、言葉以外のコミュニケーションがとても大切です。

他の国にも代理店のような専門商社はあると思いますが、日本の総合商社というのは例を見ないのではないでしょうか。ここ五、六年の間に外国に商社ができるかと思ったら、どうもできそうにないですね。総合商社というのはかなり特長のある企業なのだと思いますよ。

フランスで物を生産し、販売をするように、事業会社として特化した場合には、現地の人が社長になることはあり得ます。メーカーの場合には現地の市場に合った経営をしなくてはなりませんが、商社の場合には大部分は海外との取り引きです。海外との組織的なリンケージとか、それを支える人間関係が極めて重要な柱です。そこには現地の人を雇わなくてはならないという必然性はまったくありません。そういう仕事にふさわしい人が現地にいない、あるいは育っていないということでしょう。商品があって、その商品をどこに持っていき、どうやって売ったらいいか、世界各地の営業の拠点を頭に描いて、どこに連絡したらいいか、タイミングを含めて考えるというのは相当な訓練を受けないとできませんね。ですから、メーカーに比べて、総合商社本体での現地化は難しいと思いますよ。」

●商社の将来性

「商社に将来があるのかという問題は古くて新しい課題です。振り返れば、日本の商社は戦前からあり、海外の物や技術を日本の設備投資を促進するために、日本に紹介したのが商社ですね。当時、海外に拠点を持っていたのは商社だけでしたから。設備投資が進んだ次の段階は製品の輸出で、商社は大活躍をしました。今はそれが一段落した、第三段階かもしれません。発展途上国の設備投資や先進国間の取り引きも行われています。メーカーも自ら海外進出をしていますが、その中にあって商社は今もなお生き続けています。商社は、メーカーや市場のニーズ、官庁の意向等、さまざまな情報を吸い上げて、結びつけて仕事をする……この需要はなくならないと思いますよ。過去に何回も『商社不要論』が出ましたが、ひとつのことに特化したメーカーでは対応できない、商社としての役割があるからこそ、今日まで発展してきたのではないでしょうか。

メーカーは限りなく専門化してきていますから、商社自身も自分の専門分野に精通していないと、メーカーの技術革新に追いついていけません。専門化すればするほど、いわゆる業際的な活動が必要になり、よりフレキシブルに対応し、いろいろな結びつきを考えなくてはなりません。いわゆるゼネラリスト的な視野と、専門家としての知識の両方が要求されます。それをうまく持ち続けている限りは、メーカーもユーザーも商社に大いに期待するのではないですか。ゼネラリストとスペシャリストの両方を兼ね備えてビジネスができるのが日本人です。こういう仕事ができるのは日本の総合商社をおいて他にはないと思いますよ。

商社の仕事では他と協力してやるチームスピリットが必要ですね。例えば、ひとつの案件があると、すぐにそれにふさわしい人が集まり、そのプロジェクトの必要性に応じた対応をする、つまり、日頃からどういう仕事をどういうやり方でするかを熟知していることが大切です。『隣の人は何する人ぞ』ではだめですね。担当者がバカンスでいなければ、その仕事は完全に止まってしまう……それでは困るんです。

例えば、銀行のＬＣ（信用状）が来るのを今か今かと待っていたのに、担当者がそれを机の中に入れたままバカンスに行ってしまったために、一カ月もわからなかったというようなことが、フランスでは笑い話ではなく、横の連絡がないために今だに起こり得るのですよ。自分の得た情報は、あの人にも連絡しておいた方がいい、この人にも言っておいた方がいい、というように、われわれはいつもコピーを回覧するようにしています。情報を共有することによって、いざ何かあって自分が不在の時も、他の人が少なくとも最小限の対応ができるようになっています。ただその結果、つき合い残業も起こるので、できればマニュアル化した方がいいのかもしれませんね。商社の仕事の生産性は相当低いとも言われています。課長がいる間は退社できないということもあるかもしれませんが、チームで仕事をしているから残りたいという面も否めないのです。でも、もう少し、割り切った考え方をしてもいいかもしれませんね。」

●現地人社員の採用

「以前は新聞広告でリクルートしましたが、採用と同時に雇用契約を結ぶため問題がありました。最近はフランスのマンパワーの会社から派遣してもらい、パートタイムで一、二カ月使ってみて、良かったら正式に契約を結ぶというやり方を取っています。ほとんどが中途採用で、他の企業で数年、経験を積んでいる人が多いです。現状ではよほどいい給料を出さないと一流の人を現地では採用できないですし、高い給料を出したとしても、それだけの処遇に見合う働きを現地人に期待することはできませんね。丸紅に入社する現地人の動機は、日本が好きだとか、日本に留学の経験があるとか、日本の商社なら英語が活かせるとか、経験を積んで、次の飛躍に備えたいとか、いろいろありますが、当社の中で出世しようという意欲のある現地人は見当たりませんね。」

●コミュニケーション

「日常、社内で日本人が現地人と話す時は英語がほとんどです。社外的にも例えば、財務、経理の関係で、銀行員や会計士に会っても、英語で事足ります。本社とのやり取りは基本的に日本語ですが、例えば財務などは英語なのでフランス人の部下にも任せられます。フランスでは今や英語を話せることが就職の必須条件になっています。

コミュニケーションにまつわる問題は日常茶飯事ですね。日本人とフランス人の間には考え方や価値観の違いがあります。例えば、予算にしても、環境が悪化した場合、何とか努力して予算内に納めて自分の使命を全うしようという考え方はフランス人にはないんですね。日本人は一種の自己犠牲的な『男の美学』のような使命感がありますが、フランス人にこれをいくら説明してもわからないでしょう。

年間五週間の休暇があって、この権利を行使するのは当然と思っているんですね。たとえ、会社の業績が悪くても休暇を取るのがフランス人です。日本人も世代間で考え方の違いはありますが。五十代の社員は『滅私奉公』、二十代の新入社員は『いやなら会社を辞めてもいい』という世代、三十代はその中間で、自分の生活を犠牲にして会社に尽くす気は毛頭ないが、無責任にはしたくないという世代でしょう。若い世代に古い世代の考え方を押しつけることはできません。お互いに人の言うことに耳を傾けることが大切ですね。」

●グローバルなローテーションの必然性はない

「広域で仕事をカバーする必要が生じれば、ＥＣ内のローテーションも考えざるを得ないでしょうが、グローバルなローテーションは可能性が少ないと思いますよ。メキシコで現地採用した日系人が本邦の正社員になったケースはありますが、これは例外です。現地法人や駐在員事務所は、日本の丸紅の分身ですから、現地人社員はあくまで現地を担当することになるでしょう。ただし、トップは日本人に限りますね。かつてこんなことがありました。

アメリカの丸紅で、ハーバード大学を出た、かなりインテリの日系三世で日本語も日常会話程度はできる人を支店長にしたことがあります。アメリカで商売をする場合でもまず、日本のメーカーが何を望んでいるか熟知することが必要で、そのためには頻繁にメーカーとコンタクトして、人間的に親しくならなくてはなりません。でも、その人はビジネスライクで、それができなかったのですね。結局、目先の利益に捕らわれて、大事な取引先を落としてしまいましたよ。

現地人社員の中にも、野心を持っている人はいるかもしれませんが、日本企業に勤めることでキャリア・アップをねらう人が多いのではないでしょうか。丸紅フランスは一〇〇％本社がコントロールしている日本の会社なので、この中で偉くなろうというのは効率的ではないと思いますよ。

従って、日本本社の役員に外国人が就任する可能性も必然性という点から見て奇異ですね。現在、外国人を本社の役員に迎えている会社は、シンボリックな効果や対外的なイメージアップをねらっているのではないでしょうか。自然な時代の流れでそうなったのではないと思いますよ。商社では危険の大きい仕事を易々と（日本人以外に）任せることはできません。」

●今後の展開

「丸紅としては、今後も現地化は進めたいのですが、中核となるポストは日本人が引き続き占めることになるでしょう。丸紅フランスは人数も少なく、現地人社員の定着率もよく、仕事がしやすい反面、流動性に乏しいため、変化に対する対応が問題となります。事業会社を設立した時に一緒に一部の社員を移動させるなど、意識的に動かす必要がありますね。事業会社のトップをフランス人にする場合、当社は残念ながら、現地の一流の人が入社しているわけではないので、現地人社員が果たして勤まるかという問題があります。かと言ってグランゼコールを出たような人が商社の仕事になじむかという疑問もあります。

日本企業のグローバル化が言われていますが、海外に生産拠点を移転した結果、産業の空洞化が起こりますよね。日本のメーカー自身もそれを一番恐れているのではないですか。グローバル化を唱えるのは対外的なイメージとしてわかるのですが、経営の根幹までそうなってしまっては、企業の存続自体が危うくなってしまうのではないでしょうか。

商社の強みは、すべての分野の情報と専門知識があり、それにプラスアルファの何かがある、どんなところにもアクセスがある、という点です。それにふさわしい現地の人が育ってくれれば、現地人社員の比率は上がるでしょうが、商社の特長は変わるものではありません。商社のビジネスのバックボーンは日本のメーカーとの取り引き関係です。いざという時は無理もきくし、反対に無理もきいてもらえる、この信頼関係が日本の産業の強みとも言えます。われわれにとって大切なことは日本のメーカーが常に世界のトップにあるということです。『商社斜陽論』というのは、実を言うと日本のメーカーの帰趨がどうなるかということと裏腹なのですよ。ですから、商社を足蹴にするメーカーはいないはずです。海外でもメーカーとの緊密な関係が維持されています。『日本株式会社』などと揶揄されるかもしれませんが、日本の商社マンは世界を視野に仕事をしています。そういうことのできる現地人社員が育つにはかなりの年月がかかるでしょうね。」

2 まとめ

このヒアリングは、前項のソニー・フランスといろいろな面で好対照をなす結果となった。以下の三点を指摘してまとめとしたい。

一、質的な現地化の促進は現状では極めて難しいとの印象を受けた。確かに現地の日本人社員の割合は低下しているが、大半の管理職のポストは日本人が占めている。雇用条件、職務内容等の雇用者側の条件と求職者側の意識とが低いレベルでマッチしており、悪循環が続いていると思われる。このどこかに突破口を開き、良循環に導くべきではないだろうか。

二、これまでも特定の分野に特化して事業会社を設立している例があるが、今後もこの傾向が続き、さらに増加すると予想される。事業会社の方が現地化がしやすいため、商社本体よりも事業会社における現地化が進むであろう。メーカー自体がますますグローバル化しつつある今日、二十一世紀を展望して商社本体の仕事を抜本的に見直す必要があるのではないだろうか。今後はメーカー単体では対応し切れないような特殊事情の知識や人的ネットワークを活かしたプロジェクト型のコンサルティング業務にその活路が見いだされるのではないかと思う。

三、文化的規定要因に制約されるかぎり、将来の発展性はないと考えられる。生産性の低い「暗黙知」に依存する仕事のやり方から、明示的で効率の良い手法に転換するべきである。それにより、日本人に限らず、広く世界の優秀な人材を活用することができるだろう。

三　ルクセンブルク東京銀行

フランスの北東に位置するルクセンブルクは、人口わずか三九万人で、面積は神奈川県に相当する小さな国である。落ち着いた町並みの首都ルクセンブルクは国際金融都市として名高い。美しい渓谷を見下ろす広場に面する建物に東京銀行（二〇〇六年に三菱東京ＵＦＪとして吸収合併）を訪ねた。ヨーロッパ調の家具が並ぶ、こじんまりしたオフィスの会議室で、日本人次長とベルギー人の人事兼監査課長に、それぞれ数時間にわたっていろいろ教えていただくことができた。

1　日本人次長に話を伺う

●ルクセンブルク東京銀行の事業の概要

「当行は信託を併営する一般商業銀行で、業務の大半が信託で、貸付や預金業務はほとんどやっていません。まあ、日本でいう信託銀行ですね。当行は東京銀行の一〇〇％子会社の現地法人で、一九七四年に設立されました。

当行の一番重要な業務は、ルクセンブルクに設立された日本企業や持ち株会社の管理代行業務で、これは一般の管理代行業務とはかなり違います。日本では会社そのものの管理は信託銀行はできないのですが、ルクセンブルクでは法的にそれが可能です。具体的には会社の決算から、取締役の交代に関わる手続き、登記や増資など設立関連のすべての業務、有価証券報告書の作成等、いわゆる持ち株会社の管理代行業務を行っています。その他、投資信託受託業務や特定金銭信託の受託業務も行っています。当地に設立された持ち株会社の大半は人もいなければオフィスもない、オフィスもわれわれが貸しており、住所もここになっているんですね。資金運用及び有価証券投資のために当地に設立されているわけです。また、ユーロマーケットで日本企業が債券や転換社債を発行した際に、クーポンの支払い代行や上場代理人を勤める証券代行業務も行っています。さらにこれに付随した為替や預金業務もありますが、融資はしていません。ルクセンブルクでは預金に対する源泉徴収税がないため、プライベートバンキングの可能性もありますが、これについてはまだこれからですね。

現在、日本のメーカーで進出している中ではＴＤＫが一番大きいと思います。ＴＤＫはヨーロッパの生産拠点をほとんどすべてルクセンブルクに集約し、現在、五百人くらい雇用しています。地元の大手鉄鋼会社アルベットが業績が悪く、ルクセンブルクがメーカーを誘致したわけです。TDKの他、帝人デュポンと富士通ファナックも当地に進出していますが、規模はTDKほどではありません。TDKの資金そのものは、これまでの経緯もあってデュッセルドルフの東京銀行が担当しています。」

●ルクセンブルク東京銀行（LUX東銀）の組織

「LUX東銀の会長はロンドン在住の東銀欧州駐在常務取締役が兼任しています。**図6**が示すように、日本人の総支配人と副支配人の下にベルギー人と日本人（総合職にある男女各一名）の三名の課長がいます。日本からの派遣社員は現在、四五人中五人に過ぎません。部は九つあります。資産管理部は証券投資や資金運用の管理部門で、ロンドンの東京銀行投資顧問会社のファンドマネジャーや外部の投資顧問会社の指示に従って、資産の管理を行っています。EDP部はシステム部で、コンピューターを管理するとともに、一部のソフトを作っています。東銀には独自に開発したシステムがあり、外部で開発したシステムはほとんど使っていません。業務企画部は日本やヨーロッパの顧客の窓口です。この他に、証券代行業務部、為替資金部、人事部、総務部、経理部、監査部があります。

人事と監査の課長はベルギー人で、彼は現地人社員のトップです。課長補佐以下は（一般職で海外女子派遣の一人を除いて）全部、現地人社員です。現在の五人にまで日本人の駐在員が減少したのは、現地人社員が育って課長補佐まで務めることができるようになったからです。現地人社員はきちんと

図6　ルクセンブルク東京銀行の組織図

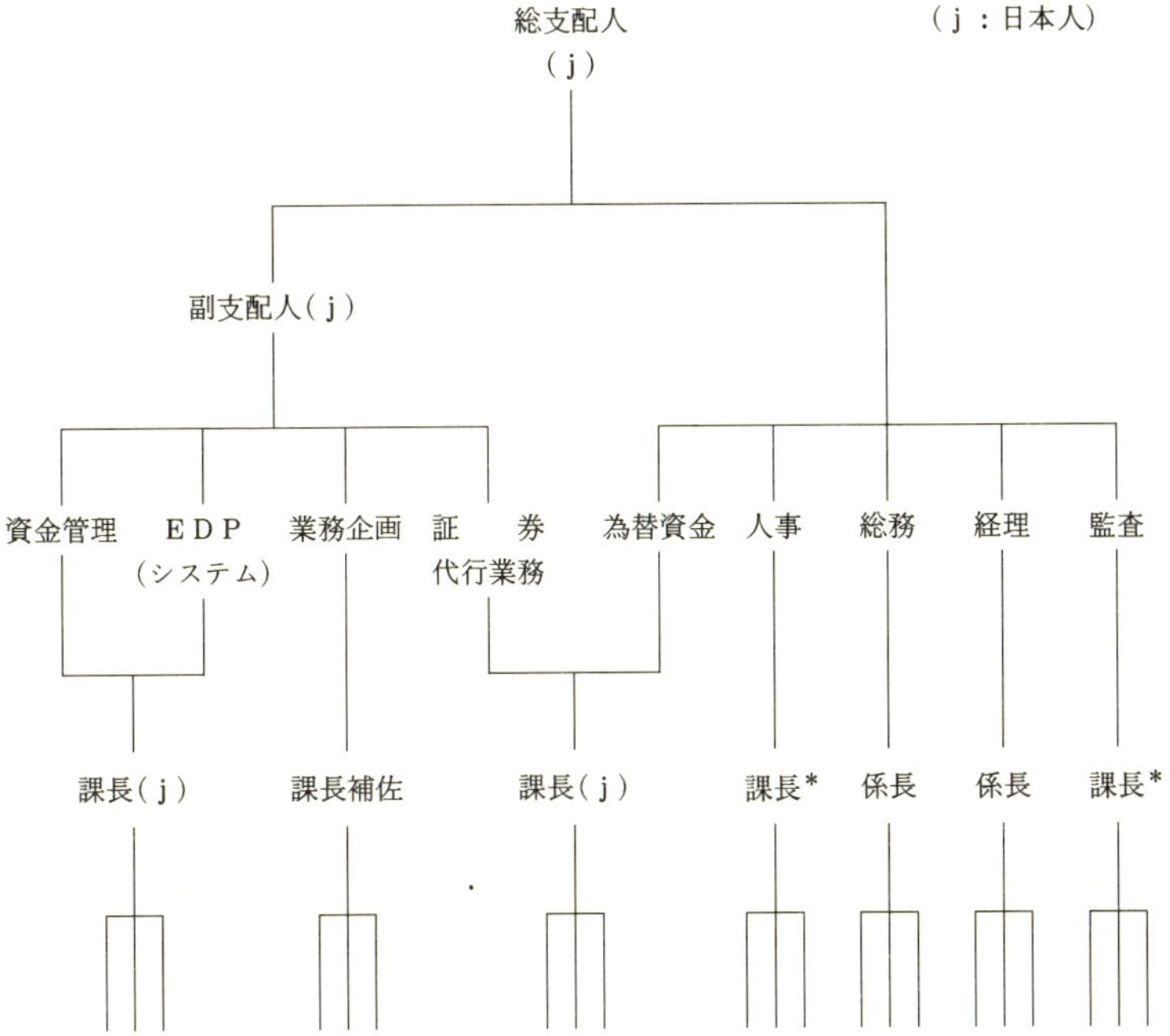

（出所）ルクセンブルク東京銀行の資料より作成（1993年8月現在）。＊印は一人が兼務

業務をこなしますし、信頼できます。もっと現地人社員の比率が高くなってかまわないと思いますが、現在はほとんどの顧客が日本人ですから、必要最小限の日本人の派遣社員が必要ですね。

東銀では内部の通達等はすべて英語です。従って、業務的にはまったく現地人社員でも支障はありません。課長レベルまでは現地人社員で充分対応できます。逆に、若い日本人を派遣して、現地人社員と一緒に仕事をするといいと思いますよ。例えば、現在も日本から派遣された女性社員が日本の顧客の窓口であるジャパンデスク担当の現地人係長補佐（アシスタント・スーパーバイザー）のもとで働いています。今回の組織の変更でユーロデスクを初めて設け、ヨーロッパの顧客の開拓に着手しました。ジャパンデスク担当が現地人なのは不思議に思われるかもしれませんが、当地の経理や税務に精通していないと仕事ができないからなのです。

ＬＵＸ東銀ではクラーク（事務職）とオフィサー（管理職）を区別せずに雇用しています。重要なポストに即戦力が欲しい時は中途採用をしますが、基本的にはクラークから昇進して管理職になった人がほとんどです。当行ではキャリアアップのために仕事をしながら学校に通うことも奨励しています。」

●群を抜いた現地化

「ルクセンブルクの邦銀の中では当行の現地化は群を抜いていますし、ヨーロッパ全体でも東銀の現地化は非常に進んでいると思いますよ。例えば、オランダ東銀もドイツ東銀も、四人の役員のうち一人が現地人です。両国での東銀の歴史は長く、たたき上げの現地人が役員にまで昇進しています。

近年、ＬＵＸ東銀の業務の内容はかなり変化しました。初めは税金が安いため、ブッキングセンターとして機能していましたが、その後、貿易収支が黒字になった結果、海外に資金を出していく必要が生じ、日本の生損保が証券投資現地法人を設立しました。税制面で有利なため、ルクセンブルクが選ばれたのですね。ルクセンブルクはＥＣ（現ＥＵ）の加盟国で、日本との間に租税条約もあり、タックスヘイブンではありません。当初、生損保は地場の銀行を使っていましたがうまくいかず、東銀に依頼があったわけです。日本の場合は税務・財務会計が複雑で、かつ厳しく、東京にオフィスがある銀行でないと無理でした。特に税務は国によって違うため、邦銀以外は理解が及ばないのです。このような背景のもとに、当行が管理業務を行うようになりました。この業務はクレジットリスクのない、事務リスクのみの業務で、きちんと処理しさえすれば、それなりの利益が生まれます。ルクセンブルクの現地の人はまじめな人が多く、積極性は多少欠けますが、生真面目で保守的で、気質的に日本人と合うと思いますよ。今後の現地化の展望としては課長までは現地化が進み、さらに副支配人も、現地化は不可能ではないと思います。」

●現地人社員のマネジメント

「女性の登用については男性とまったく区別していませんし、国籍もさまざまです。LUX東銀のクラークはオフィサーを目指している人が多いんですよ。例えば、インベストメント・ファンド担当のバンデルエルストは男爵家の御曹司で、法律の大学を出ており、極めて優秀です。

定着率はいいですね。居心地がいいのでしょう。日本の銀行は一般にあまり厳しくありません。当行では過去一年で辞めた人が五%くらいです。

当行の現地人社員は勤勉で、問題を起こすことは少ないのですが、現在の人事課長の前任者はトラブルを起こしてしまいました。彼は日本人とフランス人を親にもつ二世で五年間勤務しましたが、日本人とはうまくいったのですが現地人社員と折り合わず、彼らのつき上げで辞めざるを得なかったのです。日本人には良い顔をして、現地人社員に厳しく、独断的でしたね。日本人に気を使いすぎていたのかもしれません。その後任のアンドレ課長には、わからないところは率直に聞いてもらい、悪いことは悪いとはっきり言ってもらい、信頼関係を結んで仕事をしています。」

●コミュニケーションの問題

「社内はすべて英語で、仕事上はほとんど支障はありません。幸い、東銀では英語が広く使われていますが、まだまだ日本語の文章もあります。私自身は意識的に英語を使うようにしています。当地では国籍が多岐にわたるので、社内会議もすべて英語です。日常的な話にはルクセンブルク語やフランス語も使われていますが。コミュニケーションを円滑にするために、月一回、役職者の会議を開いています。

コミュニケーションの問題は際限がないので、できるだけオープンにしていくのがいいと思います。われわれ日本人が心がけているのは、英語の情報をできるかぎり現地人社員に流すことです。仕事以外で、家族同士のつき合いもしていますよ。語学の問題より、むしろ仕事上、信頼できるかどうかですね。信頼関係の醸成にかかる時間は国籍の違いより、個人差の方が大きいと思います。

ルクセンブルクの人は、比較的、行間を読むところがあって、以心伝心で伝わることもありますよ。アメリカ人に比べて、一般にヨーロッパ大陸の人はそうなのかもしれません。仕事は非常にやりやすいですね。かえって、東京とのコミュニケーションでうまくこちらの意志が伝わらない時があるほどです。」

●ヨーロッパ内及びグローバルなローテーション

「ヨーロッパ内でのローテーションはまだ、ありませんが、ヨーロッパの拠点から日本に転勤になった人は数名います。また、東銀のグローバルな意識を高めるために、BOT World Network News という英語の社内雑誌を発行しています。

最近は日本の東銀の人もあまり海外に出たがらない傾向が見られますから、今後は現地人社員の役割がますます重要になるでしょうね。国際総合職が育ってくれれば、外国人が日本の本体の役員になる可能性もあるでしょう。業務上も、海外と一体化してやるものが多くなっています。世界各地でいろいろな投資を行うためには、各拠点間の連係プレーがますます必要になりますね。」

●ルクセンブルクの良さ

「LUX東銀では仕事以外のつき合いもドライではなくウエットですね。たまたま、当行の現在のメンバーがそうなのか、この国で一般的にそうなのかは言えませんが、社内の人間関係は非常にいいと思います。

ルクセンブルクでは町を歩いていて言葉が通じるかどうかの心配はありますが、あまり日本人であることを意識することはありません。偏見を持たれたことは不思議なくらいないですね。いろいろな国の人が働いていますが、例えば清掃業に携わるのはポルトガル人が多く、西アフリカの人は少ないです。歴史的に見てもルクセンブルクは植民地を持たなかったのですね。ルクセンブルクは日本ではあまり知られていませんが、非常に住みやすく、刺激は少ないけれども比較的安全な町で、教育も、アメリカンスクールが充実していて、レベルも高いですよ。」

●つき合い残業はナンセンス

「ルクセンブルクに関しては、コストが安いから現地化するのではなく、むしろ要は仕事です。管理職の現地人社員は自分でも良く勉強しており、自分から率先して学校に行っています。クラークも残業してくれるし、休日出勤も可能ですが、『つき合い残業』はしませんね。現地人社員が休暇をきちんと取るようにしないと、われわれの責任が問われることになります。日本からの赴任者も私を含めて、休暇はきちんと取っていますよ。休暇をたくさん取ったからといって、当行では昇進に響くようなことはまったくありません。時間内に仕事を終えて、定時に退社しても、日本人の間でも問題はありません。トップの意向にもよりますが、昔はともかくも、今は長く仕事をしたからといって評価される銀行ではありません。」

●東銀の将来

「東銀が日本の銀行であるかぎり、限界がありますね。アメリカでユニオンバンクを買収した結果、外銀ではアメリカでトップになりました。東銀信託の名前ではアメリカでは商売はできません。特にエスタブリッシュメントの強い東部では、いくら頑張ってもだめですね。本気で勝負したいのなら、その国の銀行を買収したり、合併したりするしかありません。アメリカでは買収に成功しましたが、他の国ではまだやっていません。アメリカでは現地に溶け込んでいる一方、東銀であって東銀でない状態とも言えます。今後どの程度インターナショナルな銀行になるのか、現時点ではまったくわかりません。

東京銀行の良さは上の人が下の人に対して、仕事上では厳しいが、それ以上、干渉しないところです。率直に発言ができる社風をこれからも大切にするべきですね。」

2　人事兼監査課長に話を伺う

●高い賃金水準

「ルクセンブルクでは銀行の労働組合とルクセンブルク銀行協会が代表する経営者側との合意に基づく取り決め（共同契約システム）によって賃金が規定されています。これは一三のグループに分かれていて、各グループに二八～三二の段階があります。どのグループのどの段階に入るかは、入社時に学歴、職歴、語学力によって決まります。ルクセンブルクの人は三カ国語を話すのは普通です。

毎年、平均で二％の自動昇給が保証されています。これを年功制と呼ぶこともできるでしょう。さらに、インフレ率（最近は三・〇〜三・五％）の分も加算されるため、毎年、自動的に五・五％昇給します。また、個人の業績も考慮されます。団体交渉でも数％上積みされます。これは数カ月間、国の内外の情勢を分析し、労使が協議した結果、決められます。管理職に関してはインフレ率の分のみが加算されます。管理職は当行の三〇％程度を占めますが、彼らの昇給に関しては上記の点と功績を考慮した上、経営幹部と相談して決めます。決定するのは総支配人と副支配人と私です。提示した昇給率に不満がある人は私にその旨を申し出て、一緒に話し合います。一般的に言って、ルクセンブルクの賃金はスイスと同じように高いですね。」

●不充分な福利厚生

「昼食券と法律で義務づけられた保険と年金の他は何もないんですよ。日本からの赴任者に対しては会社の年金制度がありますが、われわれ現地人社員にはありませんし、車の貸与も、交通費の支給も、住宅ローンや住宅手当もありません。日本人は会社がメンバーになっているゴルフ場でプレーができますが、現地人社員はできません。課長である私ですら、だめなのですよ。この点については大いに不満です。福利厚生面は他のルクセンブルク在住の銀行と比べて劣っています。住宅ローンやストック・オプションも是非、導入してほしいですね。」

●現地雇用の管理職

「ルクセンブルクの邦銀の中で、現地人が管理職を務めているところは少ないのです。実は以前はフランスの銀行に勤めていましたが仕事のやり方に不満があり、辞めました。その銀行では経営幹部はすべてフランスからの赴任者で、私は人事担当の管理職で、経営委員会のメンンバーでもありましたが、まったく経営に参加させてもらえませんでした。LUX東銀は日本の銀行ではありますが、むしろ、グローバルな銀行という感じが強いですね。

現在、LUX東銀で私は人事担当以外に監査もしており、幅広い権限を与えられていますから、仕事がおもしろいですよ。ローカルな問題すべてに関わっており、当行と地元との橋渡しの役目を果たしています。税務、法務、人事等、日本人管理職の知識が及ばないところをカバーしています。当地の金融当局との折衝は日本人トップが直接英語でやりますが、フランス語で書かれた返答や公式の文書の解釈は難しいので手助けをしています。

現在の日本人のトップはとてもオープンで、現地人社員の話に耳を傾けてくれます。文化の違いよりも、パーソナリティの問題が大きいと思いますね。」

●キャリアと国籍

「一人一人が能力と功績に応じて昇進できる道が開かれており、男女は完全に平等です。国籍に関しては、現在、九つの国の人が働いています。ベルギー、日本、オランダ、ドイツ、フランス、ルクセンブルク、チュニジア、イタリアなどと、多岐にわたっています。

優秀な人を採用するのは、なかなか難しいですね。ルクセンブルクの労働市場はタイトですし、邦銀の評判もはかばかしくありません。日本の経営方法や仕事のやり方に対する警戒心があり、日本の企業全体に対するイメージの問題がありますね。日本の企業に入っても、昇進は望めないだろうという不安もあるし、給料も恐らく、他の銀行よりは劣るだろうという懸念もあります。また、日本人の経営者側もなるべく安い労働力に頼ろうとするために優秀な人材を集めるのは容易ではないのです。しかし、当行の場合はかなり、改善されています。私の場合は求人広告を見て応募しました。良い条件を提示しなければ、いい人は集まりませんよ。

外国人管理職を対象としたキャリア開発制度は聞いたことはありますが、詳しくは知りません。インターナショナル・オフィサーになる可能性があるのなら、内容によっては挑戦してみたいですね。」

●現地化

「今後も総支配人は日本人でなければならないでしょうね。顧客のほとんどは日本人ですから。資産管理やＥＤＰ（システム）部のポジションは日本のネットワークとの接続の関係上、現地化は難しいかもしれませんが、証券代行業務や為替資金のポジションはヨーロッパ人に移行できるでしょう。ですから、将来は課長レベルまでは現地化する可能性があります。

副支配人に関しては、例えば、副支配人が二名になって、そのうち一人が、現在総支配人が直接担当している為替資金、人事、総務、経理、監査の各部門の責任者になるとしたら、そのポストに現地人が就任する可能性は十分にあると思います。」

●コミュニケーション

「社内で日本人とは英語で話していますが、なるべくはっきり話すように努力していても誤解を招くことがあります。分析方法やロジックに違いを感じることもあるし、特に説明や発表の仕方の違いは目につきますね。

おもしろいのは日本人がなかなか決定をしないことです。結論を出すまでに大変時間を取りますね。みんなの意見を聞いてコンセンサスを得るやり方は、時間はかかるけれどどいいと思いますよ。でも、速く処理しなければならない時は困ります。反対に、フランス人は上の人が決めて、決定を押しつけるトップダウンのやり方が多い。もっとも、日本人の中にも決定の早い人もいれば遅い人もいて、個人差があることは確かですが。

協調精神が重要視されていることも特長ですね。自分の責任範囲を超える仕事をすることが期待されていますが、コミュニケーションが円滑ならば問題はありません。実は以前のトップは優秀な人でしたが、技術畑の人でコミュニケーションがうまくいきませんでした。現在のトップは話しやすいですね。就任後すぐに社員全員と個別に話をしてくれましたよ。世代の違いというよりもパーソナリティの違いでしょう。日本人はトップが変わるとそれに応じて部下も態度を変え、新しいトップに実にうまく適応することに驚きました。今は社内コミュニケーションは非常に円滑ですね。わからない時にははっきり言うようにしています。なるべく言葉にして誤解を避ければいいだけの話ですよ。信頼関係がなければ、仕事は成り立ちません。コミュニケーションはその意味で本当に大切ですね。」

●不思議の国ルクセンブルク

「ベルギーやフランスは失業率が高いのですが、ルクセンブルクの失業率は非常に低く、一％強だと思います。ルクセンブルクにはＥＣの機関や銀行など雇用の機会が沢山あります。最近は、政府の誘致により、日本のメーカーも進出してきています。ルクセンブルクでは労働組合は強いのですが、ほとんどストライキがありません。ベルギーなどの近隣諸国に比べて給料のレベルが高く、みんな満足しているのでしょう。労使関係の良さは日本と似ていますね。

犯罪率も低く、ヨーロッパの中でも抜きんでて安全な国です。移民に関しては、北アフリカ出身の移民はほとんどいませんが、カーボベルデ共和国（西アフリカの島国）からは沢山の移民が来ています。また、イタリア人を初めとして、ヨーロッパ人の移民も相当数いますが、ジプシーはほとんどいません。ルクセンブルクの人口の三〇％は外国人です。

ルクセンブルク人はドイツ人のように合理的な、きっぱりとした考えを持ち、非常にプラグマチックですね。あまりオープンではないけれども、ルクセンブルク人としてのアイデンティティを持ち、かつ、適応力が優れていますね。ほとんどの人がルクセンブルク語、ドイツ語、フランス語を話し、英語を話す人も多いです。ラテン系よりもむしろ、ゲルマン人の精神を持っていますね。

日常生活ではルクセンブルク語を話しています。これは主に話しことばで、書きことばは難しく、あまり使われていません。手紙は独仏のどちらかで書くことが多いです。ドイツ語やオランダ語ができればルクセンブルク語はだいたいわかります。フランス語が公用語で公式の文書はフランス語ですが、新聞は独仏とルクセンブルク語です。歴史的な経緯を見るとわかりますが、一九四〇年にルクセンブルクはドイツに併合され、当時、教育はドイツ語で行われました。メンタリティーとしてはルクセンブルク人はフランス人よりもドイツ人に近いと思いますよ。」

●今後の課題

「ルクセンブルクの邦銀の中で純利益がトップなのは当行で、これは当行のグローバル化とメンタリティーに起因するものと思います。東銀にはプロの精神が根づいていて、社員はやる気がありますね。現地化が進んでいることは明らかにプラス要因です。

日本の黒字は膨らむ一方なので、もっといろいろな国に投資して、拠点を設けて、雇用を創出するべきです。技術も移転して他国の産業強化に貢献すれば、他国の通貨も強くなり、円高に歯止めがかかるでしょう。

今のところ日本の顧客がほとんどですが、最近、日本の顧客以外を新規に開拓するためにユーロデスクを設けました。これが成功すれば、当行はもっとグローバルになるでしょう。」

3　まとめ

ＬＵＸ東銀については次の点を指摘して、まとめとしたい。

一、ＬＵＸ東銀は積極的に現地化を行っており、すでに中間管理職の多くが現地人社員で占められるなど、現地邦銀の中でも群を抜いている。

二、処遇面での問題は給与より、むしろ福利厚生にある。日本人トップと現地人管理職の間にこの点で認識のギャップがあるため、早急に改善策を打ち出す必要があると思う。

三、現在、社内の士気は高く、コミュケーションも円滑であるが、前任者の時代は人事面でも、社内全体でもトラブルが多かったとの指摘が見られる。改善されたのは最近であるため、人事異動があった場合、逆戻りする懸念がある。今後も現在の良い状況を維持するべく、努力が必要である。

四、日本的な仕事のやり方や文化的な違いはあるが、それらの要因は努力次第で乗り越えられる。日仏両言語・文化に通じる前任の人事課長の失敗は、むしろ、個人差、パーソナリティの問題の方が重要であることを示唆している。

五、日本本部の打ち出したグローバルな人事制度はルクセンブルクで見るかぎり、現地人の管理職はまだ対象になったことがないし、あまり知られていない。日本本部の思惑と現地人の関心事にずれがあり、整合性に欠ける。

六、顧客の大半が日本人であるために銀行という業種の制約は確かにあるが、現地の事情を熟知した有能な現地人社員のメリットも大きい。LUX東銀では日本人の窓口であるジャパンデスクの担当者は現地人であり、問題なく仕事をこなしている。このことから、必要最小限の日本人駐在員を確保しておけば、銀行という業種は現地化の絶対的な制約条件とはならないと言える。

七、今後も日本人の顧客が中心であることには変わりはないだろうが、徐々に非日系ビジネスも拡大している。これを先取りして、LUX東銀は新たに、ユーロデスクを設けており、今後の進捗が期待される。その展開如何ではグローバルな銀行への移行が可能なのかもしれない。

四　ルクセンブルクA銀行（LUX・A銀）

ルクセンブルクでは当地に進出している邦銀をもう一行訪ね、ヒアリングを行う機会を得た。日本人の副社長、現地人（イタリア人女性）のチーフ・クラーク、現地採用の日本人次長の三名にそれぞれの立場から、興味深い話を伺うことができた。

1　日本人の副社長に話を伺う

●欧州における事業の概要

「ヨーロッパの支店はロンドン、バルセロナ、マドリッド、パリ、ミラノ、ブリュッセル、デュッセルドルフ、ハンブルク、現地法人はロンドン、チューリヒ、フランクフルト、ルクセンブルク、駐在員事務所はバーミンガム、フランクフルトにあります。

支店は融資、為替、資金取引等のホールセール中心の銀行業務を行っています。顧客は支店の置かれたマーケット特性によって多少異なりますが、日系と非日系が半々でしょう。日系が多いところはデュッセルドルフ、非日系が多いところはロンドンです。ロンドンはユーロマーケットが大きく、シンジケートローンが多いためです。なるべく、地場のビジネスをしたいのですが、不良債権に引っかかるリスクがありますので、なかなか積極的にビジネスができません。

現地法人は機能的にはほとんど証券会社と変わりません。法的規制により引き受けが主体となっている現地法人は、ロンドン、チューリヒ、フランクフルトです。ルクセンブルクは非常に特殊なケースで、実態はファンド引き受け会社であり、顧客は日系が多いです。」

●ルクセンブルクにおける事業の概要と歴史

「ほとんどがファンド管理・証券代行業務です。ルクセンブルク証券取引所にユーロ債を発行する際の代行業務を行い、クーポンの支払代行や上場代理人の役割を果たしています。顧客の大半は当行の所属するグループの関係企業や日本の市当局です。

当行は（日本で）吸収合併を繰り返したため、当地での歩みは多少複雑です。もともと日本のB銀行は十二、三年前、C銀行は五年前にルクセンブルクに進出しました。その頃、ロンドンでは規制が

図7　ルクセンブルクA銀行の組織図

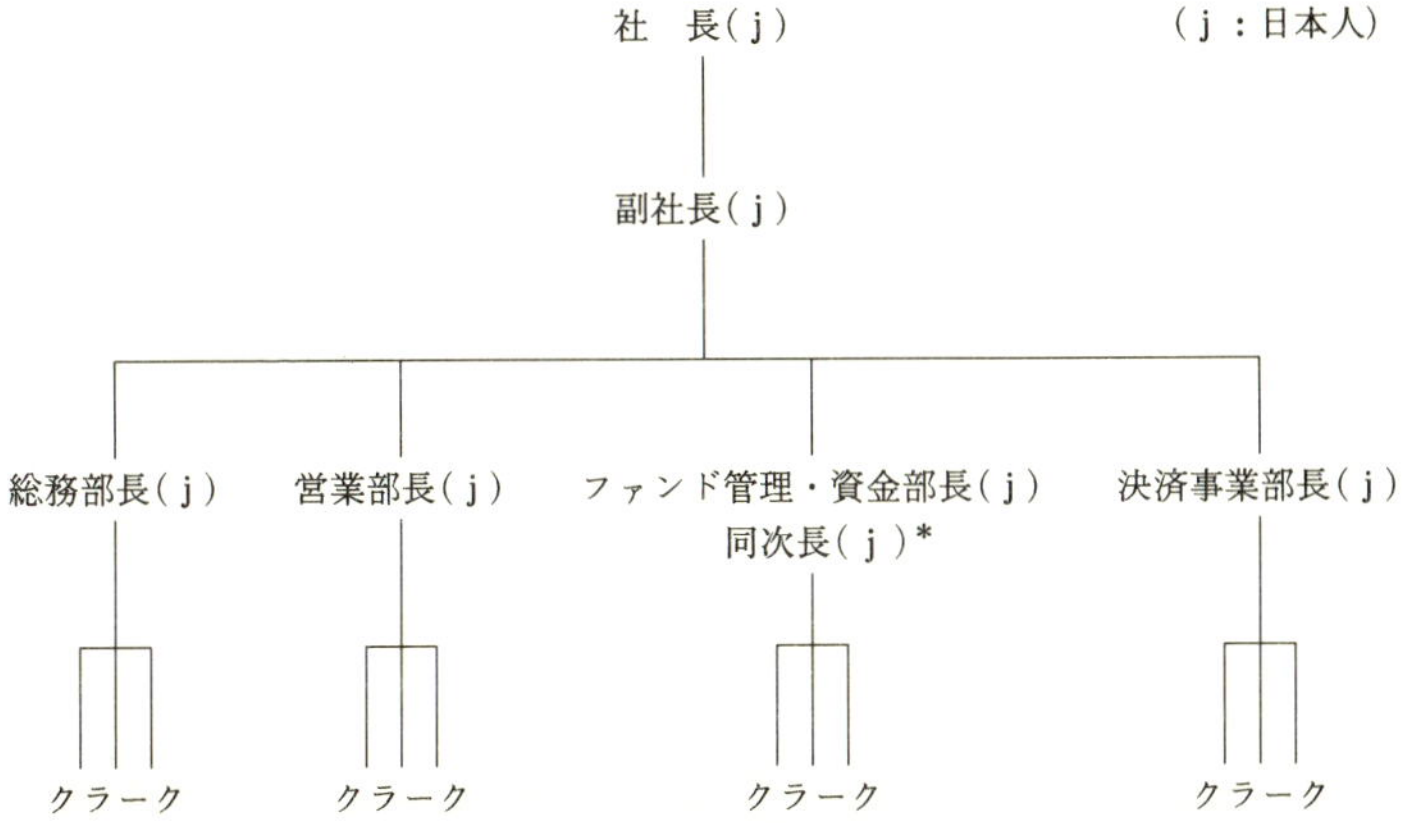

（出所）ルクセンブルクA銀行の資料より作成（1993年8月現在）。＊印は現地採用

厳しく、まずルクセンブルクに拠点を作って、ここからユーロマーケットの引き受け業務を行いました。両行が合併したのは一九八九年で、その後、名前を改めて、現在の銀行名になりました。」

●LUX・A銀の組織

「図7に示すように、総勢二七名中、日本からの赴任者は六名で、社長、副社長、総務部長、営業部長、ファンド管理・資金部長、決済事業部長を勤めています。現地採用の二人の日本人はファンド管理・資金部次長とチーフクラークです。現地人はほとんどが女性のクラークで、管理職はいません。」

●現地化

「LUX・A銀の現地化は遅れています。総務部は日本本部との連絡が主なので、現地人には任せられませんし、ファンド管理・資金部については日本との折衝がかなりあるため、現地化は難しいですね。顧客とのビジネスでは、日本人は『無理がきく』、というのが大変求められています。ヨーロッパでも無理がきく間柄というのはありますが、それはギブ・アンド・テイクの関係であり、一方的ではありません。コミッションや手数料に関しては日本ほど低廉なところはないでしょう。あまりにも、過去のサービス供与の時間が長過ぎたため、急に変えることは無理でしょう。この辺も現地化を困難にさせるネックになります。

現地化や現地人への権限の委譲が進められなかったのは、何と言っても合併の影響が大きいと思います。まず、体制を作ることが先決で、海外現地化まで手が回りませんでした。海外赴任者を減らすというよりも、現在は合併の後遺症で、ポスト不足の問題が深刻です。これが解決しないかぎり、前には進めません。

また、現地化を図るにはまず、現地人社員のレベルをアップしなければなりませんが、優秀な人材を雇用できない現状では無理ですね。当地では労働組合が強力で、警告書を積み上げるなど余程のことがないと解雇できず、組織改革もままなりません。低い給与水準と人手不足から、当行のクラークは大半が女性です。採用方法は新聞広告を用いています。自ら仕事を求めてくる人もいますが、一流の人は来ませんね。

現地雇用の日本人の次長に関しては、現時点では完全に管理職とはみなしていませんが、今後、管理職に組み入れようと考えています。」

●コミュニケーションの問題

「日常業務は英語とフランス語で、日本との連絡は日本語です。英語でもビジネスに支障はありませんが、やはりフランス語ができるに越したことはないと思います。でも、日本からの赴任者の選択に当たっては、フランス語の能力は問われていません。

日常、社内では英語で問題ないのですが、当地の金融当局等と折衝する時は苦労しますよ。ルクセンブルク通貨当局（ＩＭＬ）との折衝で、微妙なニュアンスとテクニカルな内容が重なった時は大変困ります。ＩＭＬの人と話す際は英語でいいのですが、文書による返答はフランス語ですから。微妙な文章で、下手に聞き返すとまずい場合に、どう解釈していいものか迷うことがあります。日本でも大蔵省（現、財務省）に対して、不明なことは聞かない方が得とか、聞いた方がいいとかの問題がありますからね。まして、言語の違いがあれば、もっと大変ですよ。当局がやってもいいと判断しているのか、だめだと言っているのかを見極めたい時、クラークに聞いてもわからないことが多いのですよ。有能な現地人社員がいたら、と思うのはこういう時ですね。」

●海外赴任者と現地人社員との報酬の差

「管理職と事務職との間に報酬の差があるのは当然です。日本からの赴任者の場合は、手当てを含めれば全体として手取りが多くなるのは自明の理でしょう。ヨーロッパの銀行の場合はマネジメントとクラークの差がはっきりしています。今のところ、現地人の管理職はいないため、かえって、棲み分けがはっきりしていて問題がないのかもしれません。

個人的な考えですが、休日出勤や残業を考えると、実質的には日本人と現地人とどちらが給料が高いのかわかりませんね。同じ管理職を雇うのなら、日本人の方が、残業も休日出勤も厭《いと》わないため、安上がりかもしれませんよ。日本の労働コストの安さは、何でもやらせられるところに有るのではないでしょうか。世界中を捜しても、これほどフレキシブルに人を動かせる国はないですよ。

休暇は取れそうで実際はなかなか取れません。現状では『休まずに、遅刻せずに働く』という考え方から、日本人は脱却していないのかもしれないですね。低い成長期に入った現在、休みが取れるのなら人を一人減らせ、と言われかねないのです。『時短』に関しても、労働時間を短縮するには仕事のやりかたをどう改善するべきかという議論をせずに、ただ時間を短くすることばかりに重きが置かれていて、変ですね。」

●現地人社員の位置付け

「現地人社員はあくまでもサポートスタッフです。日本人と互角に勝負しようというガッツのある人は残念ながらいません。与えられた仕事はよくやってくれますが、例えば、後三十分残って残業して欲しいと頼んでもなかなか承諾してくれません。結局われわれが残って処理することになり、まさに中間管理職の悲哀ですね。ただ、よく考えてみると、当地ではバックオフィスというのは時間が来れば明日に回して当然という風潮が有るので、現地人社員の対応は当然なのかもしれません。ただし、現地採用の日本人女性は残業もしてくれますよ。」

●今後の方向

「かつてはスペシャリストよりゼネラリストの方がいいとされていましたが、今は意見が分かれるところです。現在、人員が余っているということもあって、どの方向に行くのかは不明ですが、今後も、トップは当然、日本人でしょうね。

ただし、これからは日系だけでは商売にならないことは明らかです。儲かるのなら日系でなくともいいのですが、例えばある日系企業グループがあって、ある取り引きでは儲からないが同グループの他の部門でその分を取り返すことができるというのであれば、ビジネスを継続するでしょう。ビジネスにはそういうリンクが成り立っていますね。

将来の望ましい形としては、日本の銀行が外国の銀行を束ねて商売をするような形態でしょう。例えば、シンジケートローンとか、社債の発行に関して、今までは外国の銀行の後について行く方が多かったのですが、もっと、自らの判断でリスクを負うような方向に行くとよいと思いますよ。引き受け業務や融資に関しては、今後、非日系の取り引きも多くなるでしょう。

当面の課題はまず、当行全体として信頼を回復することです。合併の影響が相当残っているため、社内的には融和を図り、対外的には顧客サービスを改善する必要があると思います。」

2　チーフクラーク（イタリア人の女性）に話を伺う

●ＬＵＸ・Ａ銀の良さ

「ルクセンブルクに当行が設立された直後から、当行に勤務しています。以前はイタリアの銀行にいましたが、嫌でしたね。ここの方がずっと働きやすいです。当行の日本人はとても礼儀正しいです。イタリアの銀行ではクラークを人間扱いしないんですよ。それに比べて、今の仕事や職場の環境にとても満足しています。将来、管理職になるつもりはまったくありませんし、海外転勤もしたくありません。」

●現地化

「今は管理職はすべて日本人です。もし、現地人の管理職がいたら、コミュニケーションはもっとスムーズになるかもしれませんが、別の面で問題が生じるかもしれません。もし、ヨーロッパ人が管理職になると、その人の存在を利用しよう、それに乗じようという人も出てくるかもしれません。管理職が日本人だけなら、現地人はすべてクラークで平等ですから、はっきりしていていいですね。一生懸命働けば、日本人の管理職は私たちクラークをとても好意的に扱ってくれます。」

●働き過ぎの日本人

「日本人と信頼関係を築くのは、多少時間がかかります。特に以前の日本人のマネジャーはやりにくかったですね。ちょっと遅刻してもすごく怒られました。でも、現在の日本人の管理職は寛大でまったく問題がないです。

休暇は年間五週間で、早目に申し出れば五週間続けて取ることも可能です。日本人は以前に比べれば、休暇を取るようになりました。休暇が取れないというより、日本人は取りたくないような印象を受けますね。最近、水曜日は定時退社になり、日本人も早く帰宅するようになったので、大変な進歩だと思います。」

3　現地採用の日本人次長にその微妙な立場について話を伺う

●当行入社の動機

「以前、日本の証券会社のパリ支店に勤めていた頃、機関投資家との仕事を通じて、ルクセンブルクに縁ができました。ルクセンブルクはいろいろな国籍の人がいておもしろいと思いますね。パリに比べてルクセンブルクの方がコスモポリタンで気にいり、当地にある日本の証券会社の現地法人に転職しました。

その後、残念ながらバブル経済の崩壊により、その会社が証券営業活動を閉じることになり、同社の他の現地法人に移る話もあったのですが、私はルクセンブルクが好きで、家も買ったので、ここに残りたくて、同社の斡旋で当行に入りました。」

●現地化

「ルクセンブルクは賃金水準が極めて高く、よほどいい条件ではないと、管理職になれるような現地人は雇えません。人によっては、日本からの赴任者のコストと同じくらいになる可能性もあります。さらに、今の仕事の内容と当行の規模からして、それほどの高いお金を払って現地人社員を雇用することもないような気がします。確かに当行は古い気質の銀行でこれからは変わらなくてはいけないと思いますが、現在、金融機関は厳しい状況にあるので、当面の問題の処理に追われています。景気の良い時には現地化が推進されていましたが、今はそういう時期ではなく、現地人の管理職を育てる余裕がないんですね。」

●現地採用の日本人の立場

「現在のポストのアシスタント・マネジャーというのは、管理職とクラークの中間です。現地採用の日本人という立場は当然、日本人の駐在員とは一線を画しています。でも、はっきり分かれているからこそ、遅くまで残業する必要がないというメリットもありますよ。現地人社員との中間の立場なので、例えば現地人社員が五時で帰り、駐在員が九時だとすれば、私は七時に帰るし、休暇も全部取ります。

駐在員と同じ情報を得ようとすれば、夜十時、十一時まで残らなければなりませんが、そこまではやりたくないですね。でも、五時になったからといって、さっと帰るつもりもありません。自分のし

郵便はがき

料金受取人払郵便

新宿北支店承認

5138

差出有効期限
平成25年2月
19日まで

有効期限が
切れましたら
切手をはって
お出し下さい

169-8790

260

東京都新宿区西早稲田
3—16—28

株式会社 **新評論**
SBC（新評論ブッククラブ）事業部 行

お名前	SBC会員番号 L 番	年齢
ご住所（〒 ） TEL		
ご職業（または学校・学年、できるだけくわしくお書き下さい） E-mail		

本書をお買い求めの書店名
市区 郡町 書店

■新刊案内のご希望 □ある □ない

■図書目録のご希望 □ある □ない

SBC（新評論ブッククラブ）入会申込書
※に✓印をお付け下さい。

SBCに 入会する □

SBC（新評論ブッククラブ）のご案内
◆当クラブ（1999年発足）は入会金・年会費なしで、会員の方々に小社の出版活動内容をご紹介する小冊子を定期的にご送付致しております。**入会登録後**、小社商品に添付したこの**読者アンケートハガキ**を累計5枚お送り頂くごとに、全商品の中からご希望の本を1冊無料進呈する特典もございます。ご入会は、左記にてお申込下さい。

読者アンケートハガキ

●このたびは新評論の出版物をお買上げ頂き、ありがとうございました。今後の編集の参考にするために、以下の設問にお答えいただければ幸いです。ご協力を宜しくお願い致します。

本のタイトル

●この本を何でお知りになりましたか

1.新聞の広告で・新聞名（　　　　　　）2.雑誌の広告で・雑誌名（　　　　　　）3.書店で実物を見て 4.人（　　　　　　）にすすめられて 5.雑誌、新聞の紹介記事で（その雑誌、新聞名　　　　　　）6.単行本の折込みチラシ（近刊案内『新評論』で）7.その他（　　　　　　）

●お買い求めの動機をお聞かせ下さい

1.著者に関心がある 2.作品のジャンルに興味がある 3.装丁が良かったので 4.タイトルが良かったので 5.その他（　　　　　　）

●この本をお読みになったご意見・ご感想、小社の出版物に対するご意見があればお聞かせ下さい（小社、PR誌「新評論」に掲載させて頂く場合もございます。予めご了承下さい）

●書店にはひと月にどのくらい行かれますか

（　　　）回くらい　　書店名（　　　　　　）

●購入申込書（小社刊行物のご注文にご利用下さい。その際書店名を必ずご記入下さい）

書名　　　　冊　書名　　　　冊

●ご指定の書店名

書店名　　都道府県　　市区郡町

たい仕事、その日にするべき仕事をきちんと終えてから帰りたいですから。

給料に関しては、駐在員は円建てで、しかも教育手当てなどのプラスアルファがあるので、かなり高いと思います。自分との間に格差があっても仕方がないですね。日本人と現地人社員の給料のギャップについては、日本人はいざという時、深夜まで仕事をするし、ここは日本の会社なのだからという割り切り方を現地人社員はしているように思います。会社にそれだけ貢献している人は、たくさん給料をもらってしかるべきでしょう。現地人社員で日本人みたいにがむしゃらに働きたいと思っている人はいませんよ。残業も、どうしてもその日のうちに処理しなくてはならないものもありますが、翌日に回してもいいのに今日中に終わらせたいという意識が駐在員にはあるようですね。駐在員は日本人の同僚の目を気にして帰らないこともありますよ。

社内では、出来るだけコミュニケーションを図るため、日本人と現地人の両方の見方をするように努力しています。それでも、日本人でアシスタント・マネジャーという微妙な立場なので、現地人社員に敬遠されるところもありますね。」

●将来のキャリア
「この先、当行では部長にはなれるでしょうが、社長は無理でしょうね。社長という肩書きや権力には興味がありません。自分のやりたいことをやっていれば満足です。好きで、楽しみながらやっていけるような仕事がいいですね。無理して本邦採用に切り替えて役員になりたいとは思いませんよ。

むしろ、自分が得意な証券業務の専門知識を活かして、仕事がしたいですね。当面は銀行業務を学んでいきたいです。特に日本の場合、証券と銀行の垣根が崩れてきているので、その両方に精通した現地の日本人というのは、それほどいないと思いますよ。

今後は仕事の展開次第ですが、当分は当行で働きたいと思っています。元々営業畑の人間なので、一所《ひとところ》に閉じこもって仕事をするのは性に合わないのです。投資顧問をやりたければ、ルクセンブルクではだめで、ロンドンに行かなくてはならないので、その可能性も考えています。当分の間はここにいて、様子を見たいですね。

当行に関して言えることは、長期的に見て、幅広く世界でビジネスを展開したいと思うなら、日本の銀行も本部の役員に外国人がなれるようにするべきですね。現地化を推進するためには当然払うべき対価でしょう。」

4　まとめ

LUX・A銀は、現地化の進んでいるLUX東銀と好対照をなす興味深い事例である。次の点を指摘してまとめとしたい。

一、LUX・A銀は吸収合併の後遺症で、現地化に手が回らない状態である。行内の足並みの乱れと日本人のポスト不足の問題が深刻であるが、長期的には日本人の海外派遣が限界に来ることが予測されるため、現地化を進めるべきではないだろうか。

二、現在、日本人が管理職、現地人がクラークと棲み分けが行われているため、際立った問題はないが、潜在的には現地人社員に不満があるものと推測する。この点に関してはさらに次章のアンケート調査によって、明らかにしていく。

三、現地人のクラークが居心地が良く、定着率が良いというのは、むしろ低レベルの現状維持で、モティベーションの低さを示唆していると筆者は解釈する。

四、LUX・A銀の業務はLUX東銀とそれほど変わらないため、業務の特殊性が現地化を制約する要因ではない。むしろ、当行全体の企業風土の問題であろう。

五、地元の金融当局との折衝や今後の非日系ビジネスの拡大を考えると、長期的には優秀な現地人社員の確保が不可欠である。従って、一日も早く、合併後遺症から立ち直り、現地人の管理職への登用を推進し、国際総合職等の諸制度の整備を行うべきである。

Diversity and Transcultural Management

第四章

マインドウェアの芽はいずこに

ここでは、ヒアリングに続いて行ったアンケート調査により、日本企業の進むべき道を探る。調査結果によれば、積極的な選択として海外投資を捉えている企業には、マインドウェアの芽が見られることがわかった。

＊本章は『増補新版　心根（マインドウェア）の経営学』第八章を一部加筆・修正したものである。

一　欧州現地法人に対するアンケート調査

前章のヒアリングで明らかなように、ここで取り上げた四社はいろいろな面で対照的な事例であった。これに加えて筆者は同じ四社に対してアンケート調査も行った。ヒアリング調査で面接をする人数は限られていたため、アンケート調査によってサンプル数を増やし、より一般的な意見を聞こうという主旨の調査である。前章同様ここでも、その内容と結果をまとめた当時の文章を再録する。

1　調査の概要

アンケート調査もヒアリングと同じ時期に、ソニー・フランス（以下ソニー）、丸紅フランス（以下丸紅）、ルクセンブルク東京銀行（以下東銀）、ルクセンブルクＡ銀行（以下Ａ銀）に対して行った。方法としては、現地でヒアリングを行った際に担当者に直接、調査票を手渡し、社内でできるかぎり多くの社員に協力してもらえるように依頼した。回収方法に関しては、ソニーは回答者自身が調査票を筆者に返送し、残りの三社は担当者がまとめて筆者に返送した。

回収したサンプル数は**表１**のとおりである。

表１　欧州現地法人のアンケート調査におけるサンプル数

	日本人	現地人	合計
ソニー・フランス	7	23	30
丸紅フランス	5	0	5
LUX　東銀	4	7	11
LUX　A銀	4	8	12
総計	20	38	58

評価方法は以下の五段階評価法を用いて、回答者が該当する番号に丸をつける方法を取った。

まったくそのとおり　strongly agree　1
やや　そのとおり　somewhat agree　2
どちらともいえない　neutral　3
やや　違う　somewhat disagree　4
まったく　違う　strongly disagree　5

設問のポイントは処遇の満足度、現地化の度合い、グローバル化、外国人の登用、コミュニケーションの問題点、情報の共有、昇進機会の平等性等である。

日本人社員に対しては和文で四七項目の調査票、現地人社員に対しては英文で三八項目の調査票を用意した。英文と和文の内容はほとんど変わらないが、質問の順序は多少異なり、また、それぞれ独自の設問も加えた。

2　調査の結果

アンケート調査によりさまざまな点が明らかになったが、特にはっきりとした傾向の見られた次の六点を取り上げよう。

A　コミュニケーションの規定要因
B　コミュニケーションの難易度
C　現地人社員のモティベーション
D　処遇の満足度
E　日本人社員のグローバル志向
F　日本人社員と現地人社員の情報入手におけるギャップ

A　コミュニケーションの規定要因

コミュニケーションの規定要因に関して、言語、文化・習慣、宗教、パーソナリティの四つの設問を用意した。

①言語の違いがコミュニケーションの障害になる。

②文化・習慣の違いがコミュニケーションの障害になる。
③宗教の違いがコミュニケーションの障害になる。
④コミュニケーションの難しさは個人差（パーソナリティ）によるところが大きい。
ソニー、東銀、A銀の平均値は**表2**（次頁）のとおりである。

【分析結果】

図8（次頁）は平均値をグラフに表したもので、次の点を読み取ることができる。

（1）コミュニケーションの規定要因として、宗教はほとんど関係ない。
（2）コミュニケーションの規定要因として、パーソナリティが最も重要である。
（3）現地化やグローバル化が進んでいる企業ほどパーソナリティの要因が重要視される。
（4）文化・習慣と言語に関しては、現地人社員よりも日本人社員の方が障害要因として認める傾向が強い。

B　コミュニケーションの難易度

コミュニケーションの難易度に関しては次の二つの項目に関する設問を用意した。
①現地人社員と日本人社員の関係について
・コミュニケーションは難しい。

表2　コミュニケーションの規定要因

		言　語	文化・習慣	宗　教	パーソナリティ
ソニー	現地人	3.5	3.1	4.5	1.6
	日本人	2.7	2.6	4.0	1.6
東　銀	現地人	3.0	4.3	4.6	2.1
	日本人	2.5	1.8	4.3	1.8
A　銀	現地人	3.6	2.9	4.3	2.6
	日本人	2.8	2.0	3.0	2.8

図8　コミュニケーションの規定要因

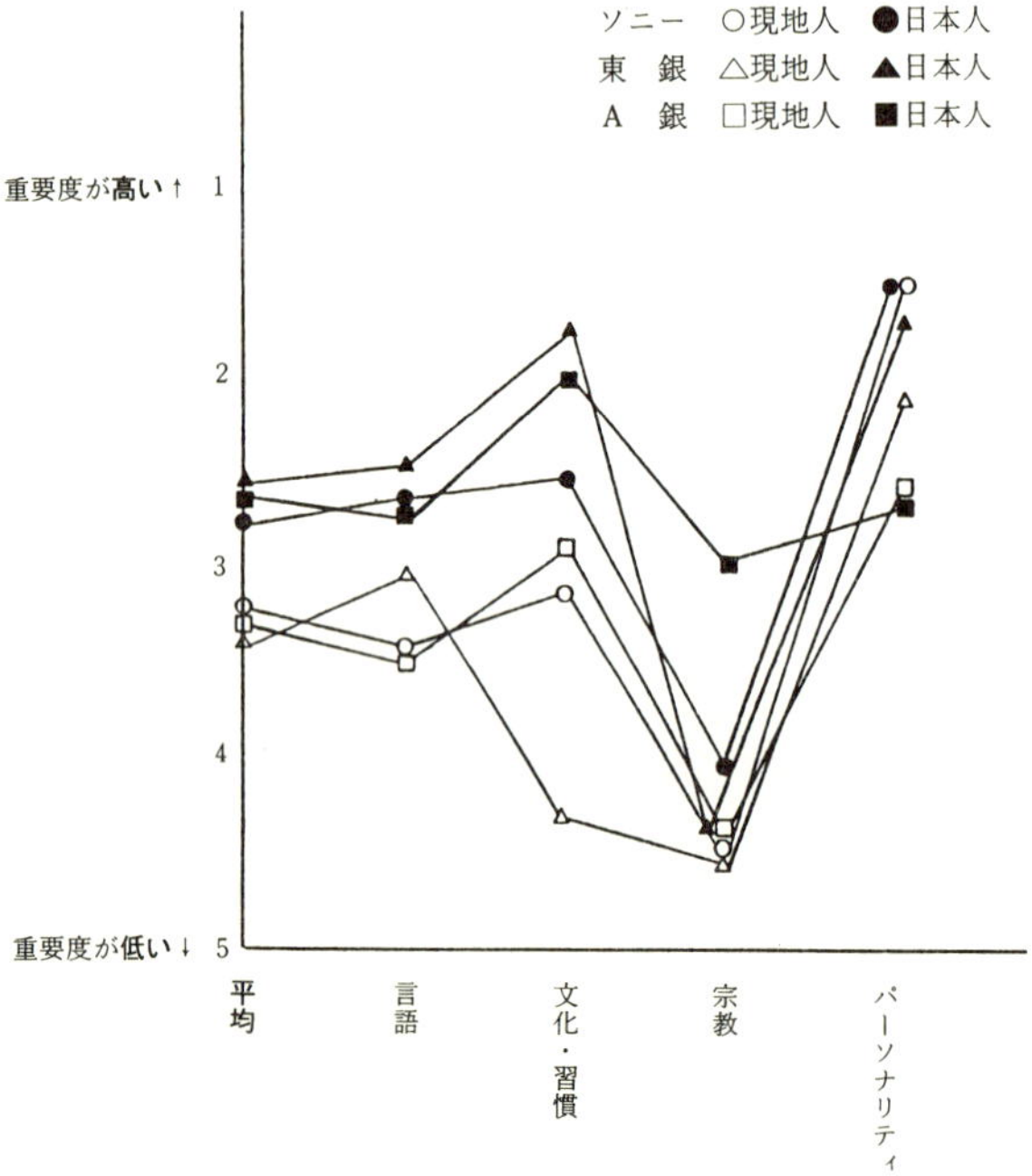

・信頼関係を築くには時間がかかる。
②社内のコミュニケーションについて
・社内のコミュニケーションはうまくいっている。
・日常業務において、コミュニケーションの問題はない。
・社内会議において、コミュニケーションの問題はない。
・日本本社との連絡において、コミュニケーションの問題はない。

ソニー、東銀、A銀の平均値は**表3**（次頁）のとおりである。

【分析結果】

図9（次頁）は平均値をグラフで表したもので、次の点を示唆していると思われる。

（1）総じて、日本人社員の方がコミュニケーションが難しいと認識している。これは、前項四番目の分析結果（文化・習慣と言語に関しては日本人の方が障害要因として認める傾向が強い）と整合する。

（2）特に社内会議において、日本人社員のコミュニケーションの難易度が高い。

（3）現地化が遅れているA銀においては、他社に比べて、現地人社員のコミュニケーションの難易度が各項目で高い。

表3　コミュニケーションの難易度

(©＝コミュニケーション)

		コミュニケーションは難しい	信頼関係の構築に時間がかかる	社内の©スムーズ	日常業務の©スムーズ	社内会議の©スムーズ	日本本社との©スムーズ
ソニー	現地人	3.5	3.9	2.5	2.3	2.1	2.8
	日本人	2.3	3.3	2.7	2.1	3.1	2.4
東銀	現地人	4.0	3.9	2.3	1.7	1.7	2.1
	日本人	2.5	3.0	2.0	2.5	3.0	3.0
A銀	現地人	2.8	2.5	3.8	2.8	3.1	3.0
	日本人	2.0	3.3	3.5	3.3	3.5	3.0

注：左の2項目は設問の仕方が違うため，右の4項目とはスコアが逆になっている。

図9　コミュニケーションの難易度

(現地人社員と日本人社員の間のコミュニケーション〔©略〕)

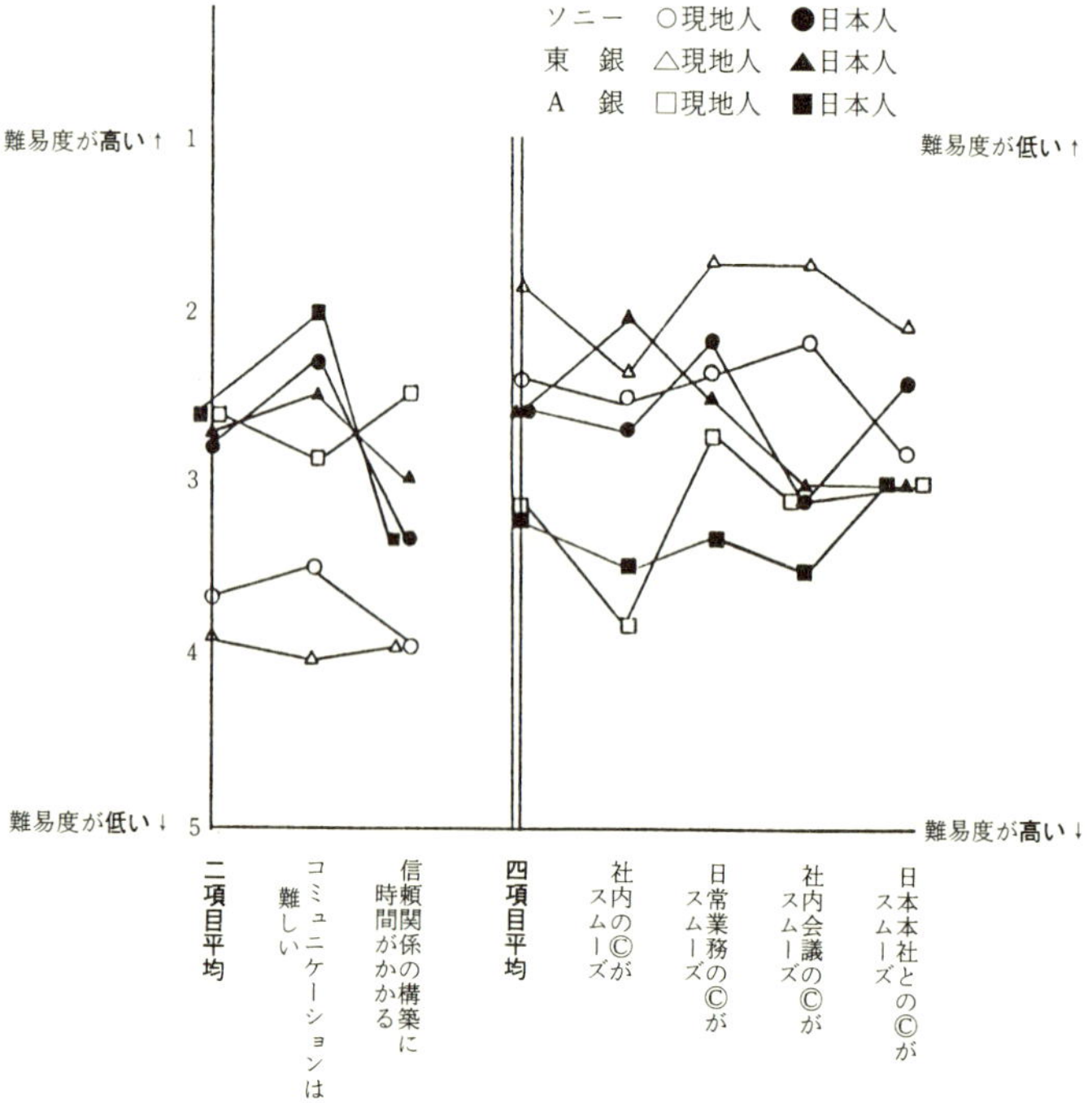

注：左の2項目は設問の仕方が右の4項目と異なるため，難易度の高低の方向が逆になっている。

C　現地人社員のモティベーション

次の六項目により、現地人社員のモティベーションを評価した。

①海外転勤に対して意欲を持つ。
②東京転勤に対して意欲を持つ。
③社風が好きである。
④日本本社の役員になりたい。
⑤国籍を問わず、日本本社の役員になれるべきである。
⑥日本人と現地人は社内の昇進に関して平等である。

ソニー、東銀、A銀の現地人社員の平均値は**表4**（次頁）のとおりである。

【分析結果】

図10（次頁）は平均値をグラフに表したもので、次のように解釈できよう。

（1）ソニーは各項目とも意欲的な解答で、極めてモティベーションが高い。

（2）ソニー、東銀ともに海外転勤に意欲的だが、東京転勤に関しては海外転勤に比べて、両社とも意欲が低い。（A銀は両項目とも意欲が低い。）

表4　現地人社員のモティベーション

	海外転勤に意欲的	東京転勤に意欲的	社風が好き	日本本社の役員になりたい	国籍を問わず役員になれるべき	社内の昇進は現地人・日本人平等
ソニー	1.7	2.5	1.6	2.0	1.4	2.2
東　銀	2.6	3.7	1.9	3.3	3.0	2.7
A　銀	3.6	3.6	2.8	3.9	2.5	4.5

図10　現地人社員のモティベーション

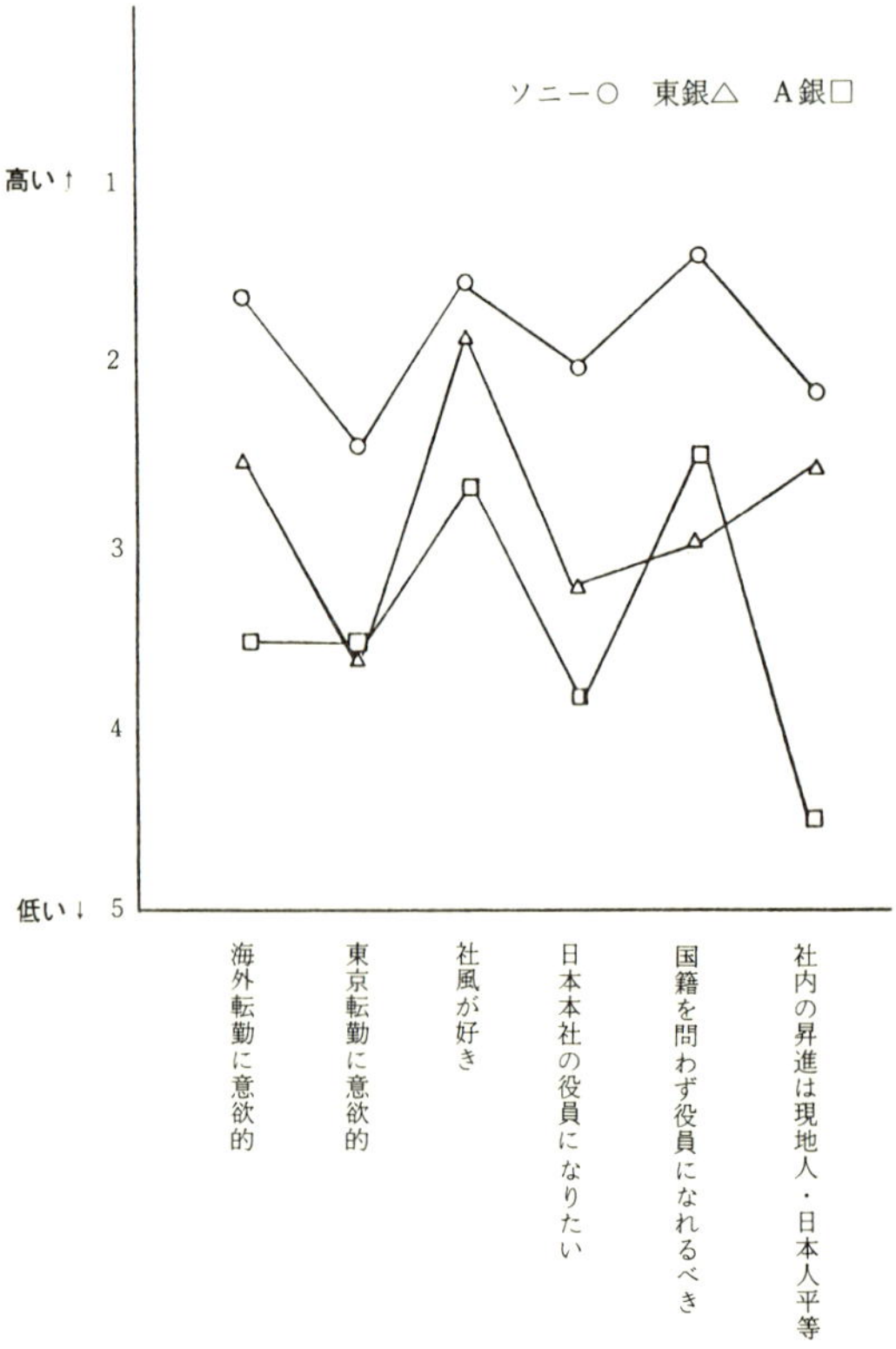

(3) 社風に関しても、現地化・グローバル化の進んだソニーが最も好意的な回答をしている。東銀は小差で続いている。
(4) 本社役員に関しても、ソニーが意欲的である。東銀は東京転勤と同様に、本社役員就任にあまり関心がない。ヒアリングで明らかになった現地人社員の保守性、ローカル志向と整合性がある。
(5) A銀では他の項目に比べて、本社役員の道が外国人に開かれるべきであるとの意見が相対的に高い。これは昇進の平等性の欠如に対する不満の裏返しと解釈できる。
(6) 昇進の平等性においてもソニーが肯定的な回答を出している。A銀は極めて否定的な回答をしており、平等性はまったく確保されていないとの認識を示している。
(7) 全体を通じて、ソニーがずば抜けて意欲的な回答をしている。これは、現地のヒアリングの結果と一致している。
(余談であるが、調査票の最後に個人の略歴や名前を問う箇所がある。ソニーの現地人社員は極めて協力的で、自分の名前はもちろん、名刺まで同封するなど、積極的な回答が目立った。)

D 処遇の満足度

現地人社員に関しては、賃金、キャリア・プラン、昇進、労働条件、ジョブ・アサイメントの五項目によって処遇の満足度を評価した。(日本人社員に関してはひとつの設問に一括した。)

表5　処遇の満足度　(J. A＝ジョブ・アサイメント)

	現地人					日本人
	賃　金	キャリア・プラン	昇　進	労働条件	J. A	処遇一般
ソニー	2.7	2.8	2.4	1.4	1.8	2.1
東　銀	2.1	2.3	2.1	2.0	1.7	2.0
A　銀	2.8	3.1	3.4	2.5	2.8	2.3

図11　処遇の満足度

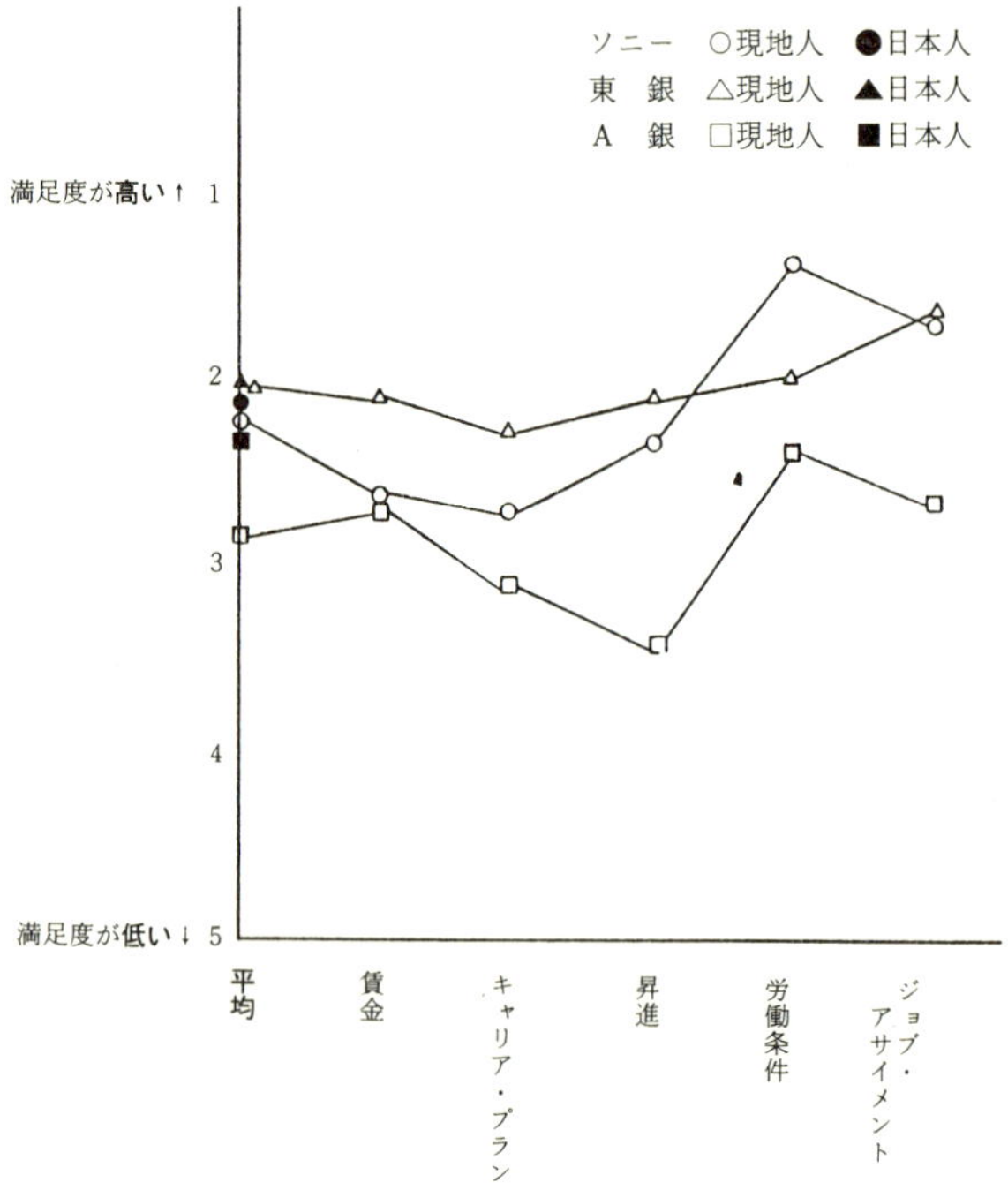

注：日本人への設問内容は処遇一般の満足度のみとし平均線に収めた。

ソニー、東銀、A銀の平均値は**表5**のとおりである。

【分析結果】

図11は平均値をグラフにしたもので、次のように解釈できるだろう。

（1）ソニー（現地人）の満足度が賃金、キャリア・プラン、昇進においてあまり高くないのは否定的な意味より、むしろ、高い目標があるがために現状に満足していないことを示唆し、積極性を表すと解釈できる。この結果は前述の高いモティベーションと整合している。

（2）東銀（現地人）の賃金の満足度の高さは、ルクセンブルクの地域特性を反映している。

（3）同行のキャリア・プラン、昇進の満足度の高さについては、同行の現地人社員がローカル志向であることを反映している。これは前述の海外転勤に対する意欲の低さと整合する。

（4）A銀（現地人）はすべての項目で、満足度が低い結果となった。ヒアリングではあまり強い不満は表明されなかったが、クラークと管理職の棲み分けがはっきりしており一見平穏な行内でも、ひと皮剝けば不満の渦が巻いていることを窺《うかが》わせている。

（5）日本人社員に関しては満足度は高く、三社間にほとんど違いはない。

E　日本人社員のグローバル志向

次の四つの設問により、日本人社員のグローバル志向を評価した。

①赴任地のトップは現地人が良い。
②国籍に捕らわれず、全世界ベースの人事活用を行うべきである。
③将来、グローバル企業（国籍を越えた組織を持ち、国籍に関わりなく、昇進の可能性のある企業）になるべきである。
④外国人も日本本社の役員になる道が開かれるべきである。

表6はソニー、丸紅、東銀、A銀の日本人社員の平均値を示したものである。

【分析結果】

図12は平均値をグラフ化したもので、次のように読み取ることができる。
（1）全体として、ソニーのグローバル志向が強い。
（2）東銀、A銀ともにトップは日本人が良いとの回答になっている。これは銀行の業種特性を反映するものと解釈される。
（3）丸紅のグローバル志向は、本設問ではソニーに続いて高いが、ヒアリングで明らかにされた現状とギャップがある。グローバル化が必須であることは観念として認識しているが、現実は日本人中心のビジネスを行っている。
（4）A銀のグローバル志向は大変低い。ただし、世界ベースの人事活用に関しては、肯定的な回

表6　日本人社員のグローバル志向

	トップは現地人が良い	世界ベースの人事活用をするべきだ	グローバル企業を目指すべきだ	外国人も日本本社の役員になる道が開かれるべきだ
ソニー	2.9	1.1	1.4	1.3
丸紅	3.2	1.8	2.0	2.0
東銀	3.8	2.3	1.8	1.8
A 銀	3.8	1.8	2.8	2.8

図12　日本人社員のグローバル志向

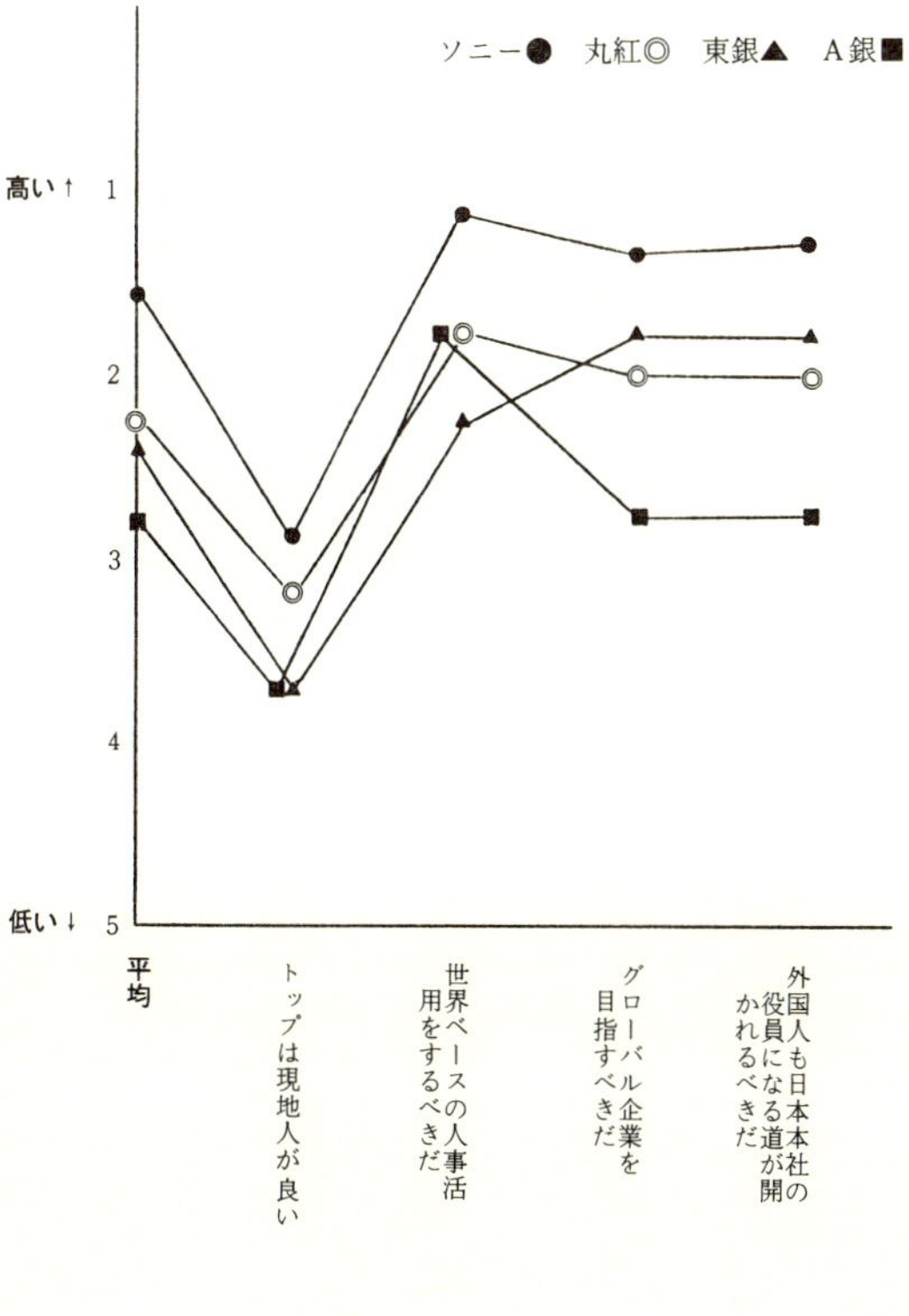

表7　日本人社員と現地人社員の情報入手におけるギャップ

		日本人がより多くの社内情報を持つ	日本人は仕事以外のインフォーマルな情報源を持ち，現地人は不利
ソニー	現地人	2.9	2.2
	日本人	1.6	2.3
東　銀	現地人	2.9	2.3
	日本人	2.8	3.0
A　銀	現地人	2.6	1.6
	日本人	1.8	2.8

図13　日本人社員と現地人社員の情報入手におけるギャップ

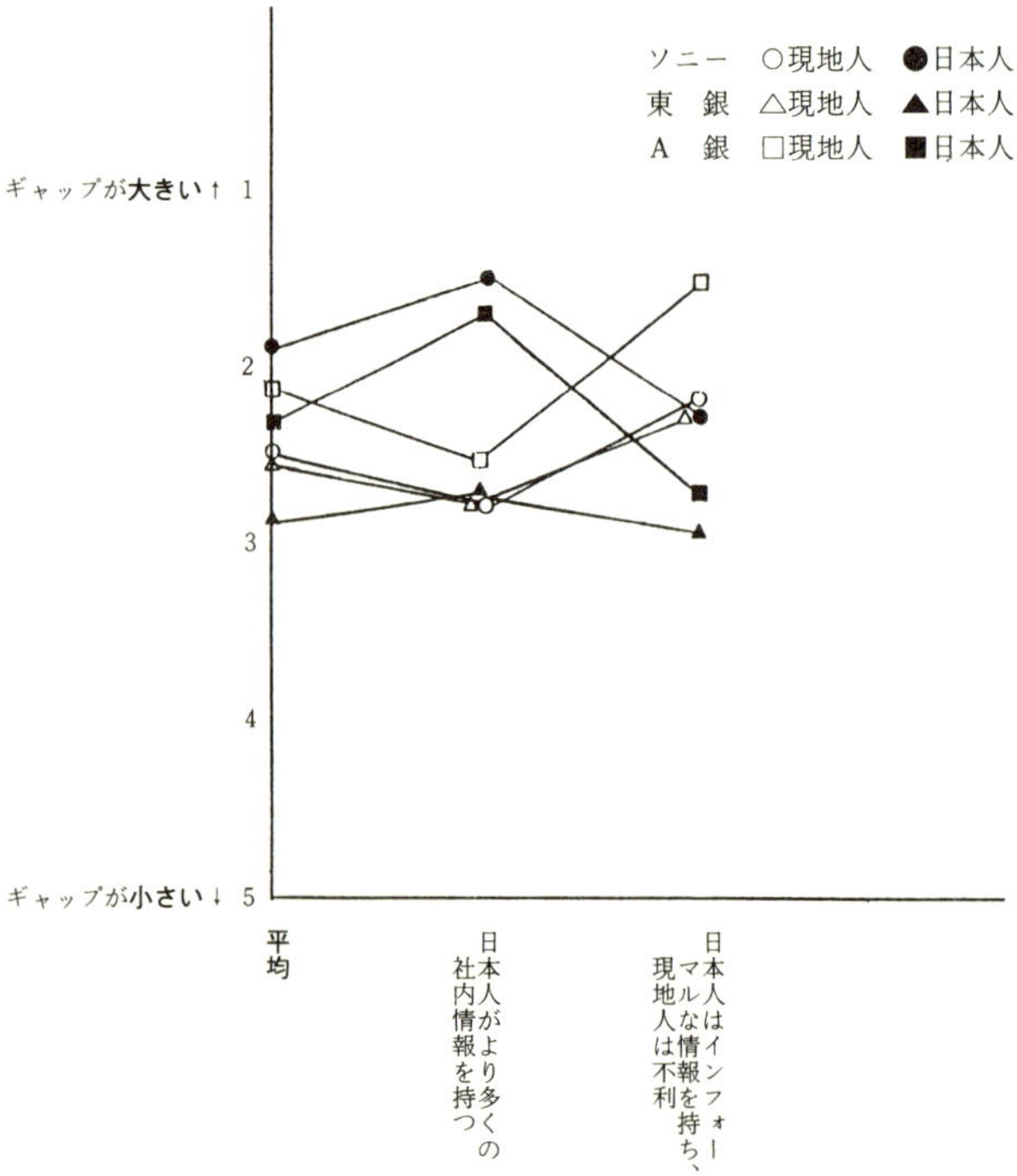

答であるので、必ずしも現状維持志向ではなく、現地化に取り組む意欲があるものと推測する。

F　日本人社員と現地人社員の情報入手におけるギャップ

次の二問によって、日本人社員と現地人社員の情報入手におけるギャップを評価した。

①日本人社員の方が現地人社員より、多くの社内情報を入手できる。

②日本人社員は仕事以外のインフォーマルな情報源を持ち、現地人社員はこの点で不利である。

ソニー、東銀、A銀の平均値は**表7**のとおりである。

【分析結果】

図13は平均値をグラフに表したもので、次のように解釈できよう。

(1) 現地人社員は三社とも、日本人のインフォーマルな情報源の格差を認識している。これに反して、(ソニー以外の) 日本人はこの点をあまり意識していない。

(2) ソニーでは、現地人社員より日本人社員の方が情報入手の格差に敏感である。日頃、情報ギャップの解消に腐心しているというヒアリングの結果と整合する。

3 調査のまとめ

調査により、さまざまな点が明らかになったが、次の四点にまとめられると思う。

一、コミュニケーションの規定要因は文化・習慣、宗教よりも、むしろ個人のパーソナリティである。

二、文化的要因に制約されている企業は優秀な現地人を雇用することができない。反対に文化を越えた、明確な目標を設定した企業は優秀な現地人を雇用することができる。

三、現地化を積極的に進めている企業では現地人社員のモティベーションが高い。

四、現地化が進んでいる企業では、社風がオープンで、仕事のやり方が合理的で、日本人社員がグローバル志向である。

第一の点については、現地化やグローバル化の進んでいる企業ほど、パーソナリティを要因として認める傾向が高いことから、文化・習慣や言語が海外展開の初期に要因として強く感じられても、しだいに軽減し、結局はパーソナリティに行き着くものと解釈できるであろう。

第二の点に関しては、四社が対照的なケースを示している。ソニーは明確な指針に基づいて、日本の枠に捕らわれず、積極的に外国人を登用しており、優秀な人材を確保している。また、東銀でも積極的に外国人登用のための諸策を実行しており、現地でも中間管理職の大半が現地人であるなど、有能な人材を雇用している。これらと対照的なケースが丸紅とA銀行で、いずれも、有能な現地人社員の雇用に苦戦している。

次に、第三の点であるが、ソニーの現地人社員が非常に高いモティベーションを示しており、東銀もかなり高いモティベーションを見せているため、現地化とモティベーションの間に関連性があると言えよう。

第四についても、ソニーがこの点を示唆する、際立ったケースである。丸紅に関しては、グローバル志向は比較的高いが、オープンさと合理性は示されなかった。現地人社員と一線を画して、別の土俵で仕事をする状況を表しているのではないかと思う。

二　マインドウェアの開花を期待して

最後に、調査対象である四社のケースを総括して、マインドウェアの芽が果たして見られるのか、考察してみよう。

◆ソニーのケース

ソニーは、日本企業の中でもグローバリゼーションの最先端を行く企業であり、現地化の進展も群を抜いている。現地人が社長を勤める現地法人も多く、強力なブランドとトップのリーダーシップが求心力となり、自由闊達な社風と共通語としての英語の浸透により、日本人と外国人が協働する土壌ができ上がりつつある。

日本本社では九〇年代の人事の課題を「適材・適所・適時の人事活用、全世界ベースのローテーション」と定め、積極的な外国人の登用を追求している。これは単にアドバルーン的効果をねらったものではなく、例えば、ヨーロッパ経営会議の七名のメンバーのうち、日本人は一名に過ぎないことからもわかるように、実現可能な目標であることが現地のヒアリングで確認された。

現地人社員は意欲的で、モティベーションが高く、日本人社員のグローバル志向性が強い。ソニーを「自分の会社である」と認識し、そこに働くことに誇りを感じ、社風を愛する。すなわち、「国籍を越えてすべての社員にとって等距離な会社」という「グローバル企業」のあるべき姿に近づきつつある。

今後の課題は、事業部の現地化を国内の空洞化の問題と絡めて、どう解決するか、「ポスト・盛田、大賀」の強力なリーダーシップを育てるにはどうしたらいいか、ハードとソフトの融合を図る戦略をいかに展開するか、の三点に絞られると思う。日本企業がグローバル・カンパニーとして現地化を促進し、地域社会に貢献すれば、日本異質論のほこ先をかわす、強力な盾になるのではないだろうか。今後の展開に大いに期待したいものである。

◆丸紅のケース

丸紅は総合商社として、長い海外展開の歴史を持っている。日本人社員の総合職は、常時五人に一人が海外に駐在するなど、グローバル・マインドの育つ素地は充分にある。実際にアンケート調査でも、日本人社員のグローバル志向が示唆された。また、現地化の必要性に鑑み、現地人社員の研修プログラム等の諸策も実施されている。しかし、根本的な問題は商社としてのビジネスのやり方と、「仕方なしの現地化」というネガティブな選択肢にあると筆者は考える。

その根底を流れるのは、総合商社の仕事は日本人にしかできないという思い込みである。メーカーに対する痒いところに手が届く、阿吽の呼吸のサービスと残業につぐ残業で築き上げた暗黙知の情報網に、果たして絶対的な価値はあるのだろうか。このような日本的なやり方が国籍や文化を異にする人には理解がしがたいとしても、当然であろう。

今後、丸紅がさらに発展するには、「日本人にしかできないビジネスのやり方」から、より明示的で効率の良い手法に変えるべく、発想の転換が不可欠である。これはまた、現地化の促進と表裏一体である。現地化を必要とする要因としては、日本人駐在員候補層の減少やビザ取得の困難さ、また、現地の労務管理上の問題やビジネスの多様化による必要性がヒアリングで指摘された。日本人だけでは限界がある。むしろ、地場の優秀な「知」を取り込んでビジネスを展開した方が長期的な成長を期待できる、という考えに基づいた「積極的な現地化」に切り替えるべきであろう。

◆東京銀行のケース

東京銀行はこれまでの派遣中心主義から脱皮すべく、近年、グローバルな人事管理の制度を打ち出し、現地化を推進している。ルクセンブルクの現地調査で見るかぎり、現地化は着々と進んでおり、社内の士気も高く、現地人社員と日本人社員の関係も良好である。ただし、両者の間に福利厚生面の認識のずれがあることが懸念される。また、日本本部が用意した国際総合職制度等のシステムに対する現地での知名度、活用度は、それほど高くない。日本本部の思惑と現地の関心は必ずしも一致していない。

顧客の大半が日本人であることから、銀行という業種の特殊要因はあるが、今後は、非日系ビジネスの拡大も期待されるため、地場に精通した有能な現地人社員の活躍が期待される。また、優秀な現地人社員によるサービスは、日系の顧客にとってもメリットが大きいはずである。

従って、今後はさらに現地人社員の育成が必要となろう。しかしそれは、グローバルなローテーションというよりも、海外拠点の現地化と一定の地域内でのローテーションが主体となろう。日本の事情にも精通した優秀なインターナショナル・オフィサーが育つことにより、非日系ビジネスの展開も容易となり、将来は、日系と非日系の強力な二本柱を得ることができよう。日本の銀行からグローバルな銀行へ移行するかどうかは、今後の展開の如何に関わるものであり、現時点では結論できない。

◆A銀行のケース

A銀行は日本国内で数回の吸収合併を経て、数年前、改名し、心機一転を図った。しかし、依然として、日本人のポスト不足や社内の足並みの乱れといった内部の問題に足を取られ、現地化を積極的に進める余裕がない。ルクセンブルクで見るかぎり、事務職の現地人社員と管理職の日本人社員の棲み分けは、社内の士気が低く、金融当局との折衝に難がある等、多くの問題をはらんでいる。一日も早く、足許をしっかり固め、長期的な視野で事業展開を図るべきである。東京銀行の事例で明らかなように、銀行という業種の特殊要因は必ずしも絶対的な現地化の制約とはならない。むしろ、今後の非日系ビジネスの拡大と顧客サービスの向上を考えれば、現地化を進めた方が理にかなっている。また、ポスト不足が解消された暁には、派遣中心主義では限界がある。そのことを見越して、今から優秀な現地人社員を採用するための諸制度の整備が必要であろう。

＊　＊　＊

以上、第三章、第四章では、一九九〇年代前半当時の筆者による調査・分析を通じて、マインドウェアの在りかと、その具体的な萌芽の可能性を探るヒントを提示してきた。

日本企業にとって、海外直接投資は利益性や人材難等の面で今でもさまざまな問題をはらんでいる。しかし一方では、急激な円高や世界経済の状況に鑑み、海外投資をせざるを得ない辛い選択に迫られている。明らかに、日本人社員に頼る現地経営は限界に来ている。海外直接投資の成功の鍵を握るのは、現地の優秀な人材の確保に他ならない。優秀な外国人の登用と育成は日本企業の命運を左右する生命線といっても過言ではなかろう。優れた外国人を雇用するには、企業側も受け入れの態勢を整備しなければならない。文化に規定されたワーク・システムではなく、文化の壁を越えた普遍性を意図的に設計する必要がある。国籍や性別等の属性を問わず、すべての社員に「等距離」である会社、「自分の会社だ」と実感できるような企業の創造である。それには次の時代を先取りしたグローバル・マインドが不可欠である。マインドウェアは属性の枠を越え、すべての人の能力を最大限引き出す、新しい時代の人と仕事の関わり方であり、仕事と人間の豊かな関係である。その前提として、透明なルールの策定と、公正・明快な価値観が求められている。

この「マインドウェア」が開花しつつあるのがソニーである。既述のように、ソニーには九〇年代前半当時より、厳しい選択である海外直接投資に成功の芽が見られた。ソニーが、海外に出ざるを得ないという消極的な選択ではなく、積極的な選択として海外直接投資を捉えてこれたのは何故か。

属性に捕らわれず、すべての社員にとって「等距離」の企業を創造することは、当然、大変な生みの苦しみを伴うものである。しかし、たとえ、克服しなければならない問題が山積していようとも、その果実には計り知れないものがある。国内外の優秀な人材の確保は、合理的なワーク・システムの追求を伴わせる。また、国内外に広く人材を求めることは、狭い選択肢によって課されていた制約を解き、将来への発展の道を開く。日本企業の進むべき道はここにあるのではないだろうか。

Diversity and Transcultural Management

第五章

地殻変動、その後

「国の文化」の違いによる「距離」を超えて世界中の人々が結びつくのが、本当のグローバル化である。異質性を尊重し多様性を活かすマインドウェアは、この時代にこそ求められる意識改革の指針であり、日本企業にとっては「グローバル化元年」を迎えた今こそ、その開花の機運を高めてくれる概念に他ならない。

＊本章前半の第一節は『心根（マインドウェア）の経営学』新版第一章を一部加筆・修正したものである。

本書第三・四章で紹介したヒアリング、アンケート調査から早二十年近くの歳月が過ぎようとしている。この間に日本企業とそれを取り巻く社会、そして世界のビジネス環境は、グローバル化の流れの中であまりにも大きな変化にみまわれ、戸惑いを感じるほどである。当時筆者が示した方向性の中には、この十数年の間にすでに現実になっているものもあるし、現実が予想を飛び越えてしまったものもある。

本章では、この間に日本の社会と企業がどのような変貌を遂げたのかを二節に分けて考察し、前半は一九九〇年代後半以降に顕在化した地殻変動のうねりについて、後半は二〇一〇年に入ってついにビジネスの主流に位置付けられるようになった三つの新しい大きな動きについて見ていくことにしたい。

一　一九九〇年代後半以降の地殻変動

日本には戦後の長い間、大企業は倒産しないという神話が根強くあり、寄らば大樹の蔭といった依存体質がはびこっていた。

そのような中で起きた一九九七年の三洋証券の倒産、北海道拓殖銀行の破綻、山一証券の自主廃業に代表される一連の金融機関の深刻な事態は関係者を震撼とさせるのみならず、日本経済全般に対して大きなダメージを与えた。不況の影響により中高年の労働環境はますます厳しくなり、一九九八年の日本人男性の平均寿命は、急増する中高年の自殺が原因で、若干であるが低下するに至っている。以後何かと暗いニュースの続く日本ではあるが、現在の混乱期を、戦後日本が辿ってきた「経済成長期における〝内向き〟の組織中心主義」から「経済成熟期の〝両立〟の時代」へと脱皮するための、ポジティブな痛みと捉えることはできないだろうか。ここで言う両立とは、日本国内の価値観と海外（主に欧米）の価値観の両立であり、組織と個人の両立でもある。前者は、協調や和の精神に見られる日本本来の良さを保ちつつ、国際社会の舞台に積極的に参加し、明確に自らの意見を表明するということであり、後者は、個人が責任ある自律的行動を行う一方で、組織がこれを支え、個人の多様性や異質性を最大限に尊重するということである。

以上の認識を踏まえて、（1）情報化の加速度的進展、（2）外資系企業の進出とグローバル人事、

（3）雇用環境の変化と新たな生き方、（4）企業社会と女性の活用、といった四つの切り口で、九〇年代後半以降の日本の社会、企業の地殻変動を解明してみよう。

1　情報化の加速度的進展

一つ目の大きな変化は、情報化の加速度的進展である。情報技術の普及が一番身近に感じられるのは、Eメールであろう。日常のコミュニケーションの手段はこの二十年で劇的な変化を遂げた。一九九〇年代の初めにはまだFAXの家庭での普及率は低かったが、九〇年代後半になると電話と同じようにFAXがあることが当然になってきた。さらに、この時代にはEメールの普及率が爆発的に伸びて、仕事で交換する名刺にメールアドレスが書かれていないものが少数派になってきた。メール機能付き携帯電話の保有の低年齢化が進み、高校生の大半が所有するほどになってきた。つまり、すでに九〇年代の後半には、コミュニケーションの形態として、電話等で直接相手を呼び出して話すリアルタイム型から、時間に関係なく好きな時に通信して受け手も都合の良い時にそれを開くというタイムラグ型へ移行すると共に、一人ひとりが個別の通信手段を持つという通信の私有化と個別化が見られるようになっていた。

以後、このEメールを世界レベルで可能ならしめたインターネットの威力は、衰えるどころか、加速度的に拡大することとなった。インターネットにはメールの他にさまざまな便益があるが、その最たるもののひとつは、情報検索である。図書館や書店に行かなくとも、居ながらにして海外の図書館や政府機関、企業から情報を入手できる。また、書籍もインターネット・ショッピングで購入すれば、時間もコストも節約できる。留学する場合も、海外の大学を調べたり願書を取り寄せたりすることが、留学斡旋機関を利用せずとも、手軽にできるようになった。

インターネットやEメールの出現を、人類が言葉を話しはじめたことと同じくらいのインパクトがあると断言する人もいるくらいである。当時、経済学者の野口悠紀雄氏は、一九九五年をアメリカのインターネット元年として、それ以前をBI（Before Internet, インターネット前）、それ以降をAI（After Internet, インターネット後）と呼んで、紀元前（BC）と紀元後（AD）の違いと同様のインパクトがあると述べた。アメリカ商務省によれば、一九九九年五月時点で世界のインターネット利用者はすでに一億七一〇〇万人にものぼり、欧米に後塵を拝している日本でさえ、二〇〇〇年には二千万人を超える勢いとなっていた。

こうした情報技術の急激な浸透はビジネスのあり方を大きく変え、著名な経営コンサルタントである大前研一氏は、これを第三次産業革命と呼んで、次のように説明した(1)。

アメリカを中心として起こっている第三次産業革命はネットワーク革命であり、企業革命でもあり、その原点は一九八五年に遡る。この年にマイクロソフトのWindows 1.0が登場し、シスコシステムズ、デルコンピュータ、ゲートウェイ等の多くのハイテク企業が誕生したのもこの時期である。また、サン・マイクロシステムズやオラクルはこの頃を期に、爆発的に売上を伸ばしている、と。大前氏はこの境目をマイクロソフトの創業者であるビル・ゲイツの名字を取り、「BG（Before Gates, ゲイツの前）とAG（After Gates，ゲイツの後）と呼び、両者の間では社会と企業の行動に大きな違いがあるとしている。

その違いを象徴する新しいハイテク企業には従来の企業と異なるという意味で、いくつかの共通点があった。第一に、組織のレイヤー（階層）が薄く、フラットなウェブ型、ネットワーク型となっていること。第二に、国内市場向け生産→海外輸出→現地生産というⅰわゆる伝統的な多国籍企業の発展モデル(2)とは異なり、設立当初から国内のみならず、海外の市場を対象として、最初からグローバルな展開を目指していること。第三に、業務をすべて内部化するのではなく、極力、外部委託（アウトソーシング）していることである。

一九九八年より急速に発展してきた電子商取引は以後ますます盛んとなり、今ではビジネスと消費者の垣根は一層低くなっている。しかし利便性という効用がある反面、ハッカー問題や、情報流出等によるプライバシー問題、情報漏えい問題という負の部分も拡大している。

2　外資系企業の進出とグローバル人事

九〇年代後半以降の二つ目の大きな変化は、日本企業の「内なる国際化」が進展したことである。この背景には、日本の大手企業数社に外国人社長が誕生したことがある。日本企業の経営の中枢にも外国人が進出してきたのである。これはいわゆる「外圧」であるが、そうした選択をせざるをえなかった企業環境の深刻化がその基にある。

日本の労働市場における外資系企業の躍進も特筆に値した。かつてはいわゆる〝個性的な人〟が外資系企業に勤めると言われていたが、九〇年代末頃からは新卒で能力のある若者がどんどん外資系企業に就職するようになった。また、日銀や大手銀行という親方日の丸を飛び出て、高額の報酬を得られるといってもいつ首を切られるかわからない外資系の銀行に転職する人がどんどん増えていった。日本の労働市場において外資系企業はもはやマージナル（限界的）な存在ではなくなっていたのである。一九九六年にフォードはマツダへの出資比率を三三・四％に引き上げ、イギリス人のヘンリー・ウォレス（Henry Wallace）が社長に就任した。翌九七年一一月にアメリカ人のジェームス・ミラー（James Miller）にバトンタッチし、さらに九九年一二月には若干三十八歳のアメリカ人マーク・フィールズ（Mark Fields）がトップの座に就いている。外国人役員の出現により、役員会の資料はすべて英語で作成され、議事進行には場合によっては通訳を入れなくてはならないという煩雑さを伴うようになった。しかし、お座なりであった会議が外国人役員の参加によって、実質的な議論を活発に行う生産的な場になり、日本人役員にとっては猛勉強を始めるというプラスの面も大きく作用した。

マツダの次にマスコミを賑わしたのが、日産とルノーの資本提携後、日産のCOO（最高執行責任者）になったブラジル生まれのレバノン系フランス人、カルロス・ゴーン（Carlos Ghosn）の登場である（一九九九年。その後二〇〇一年に社長兼CEO［最高経営責任者］となる）。工場閉鎖、リストラ、系列取引カットなど、改革を貫徹するための厳然かつ強行な荒治療は社内外に摩擦を引き起こしたものの、自分の言葉で信念を語るゴーンの一挙手一投足は共感を呼ぶこととなった。

このような外部の力をテコとせざるをえない日本企業の内なる国際化の動きに対して、日本企業自らが真剣に人事のグローバル化を図り、内なる国際化を行おうとする取り組みもあった。本書でもグローバル企業のモデルとして取り上げたソニーはすでにグローバル人事の先端を走っていたが、その後他の企業でも同様の試みが行われた。その一例がトヨタである。

トヨタ自動車は世界規模で経営幹部を育成するシステムの整備を進めた。その背後には、ビジネスのグローバル化が進んだ結果、日本人だけによる経営では限界があるという判断があり、これにより国籍に捕らわれず優秀な社員を登用する制度を設けるに至った。このシステムでは、海外拠点の重要なポストの人事を日本本社で一元的に管理する専門組織「グローバル・サクセッション・コミティ」を新設し、国内外の社員全体からグローバル人材の育成が図られた。その後、二〇〇二年には、グローバル人材育成機関「トヨタインスティテュート」を設立し、将来のグローバルリーダーのミドルマネジメントを対象に研修を行い、〝トヨタウェイ〟の共有化によるグローバル化を推進している。

こうした人事の国際化はメーカーのみならず、商社や銀行にも波及することが予想された。現に、三菱商事の槙原稔会長（当時）はかねてより、外国人をマネジメントに取り入れてこそ、大競争の時代に総合商社が強みを発揮できると主張していた。

3　雇用環境の変化と新たな生き方

次に、九〇年代後半以降の三つ目の大きな変化を見てみよう。

日本型経営がどこに行ってしまったのかと危惧する声は九〇年代以前からあったが、とりわけ九〇年代後半に入ると、アングロサクソン型経営が株主第一主義で日本・ドイツ型が社員第一主義という単純化な二極分化の考え方では立ちゆかないいくつかの矛盾点が顕在化するようになってきた。

第一に、それまで日本企業はできるだけ解雇せずに社員を温存してきたが、それが必ずしも社員のためになっていないのではないか。日本の社員は、自分の能力向上に努力するよりも、上司の心証をよくして引き上げてもらうことに余計なエネルギーを使ってきたのではないか。日本企業の温情主義は終身雇用の下で雇用の安定を支えてきたとはいえ、能力のある社員を不当に処遇してきたことはないだろうか、という疑問である。

第二に、社員重視といっても、それはいわゆるキャリア組の正社員だけを対象としてきた点である。この〝正社員〟という分類には非正規社員はもとより、一般職の女性や外国人契約社員も含まれていない。つまり、日本型経営の社員第一主義というのは、本当の意味ですべての社員を大切にしてきたのではないという点からすれば、その実体は会社第一主義と言えるものだったのである。

九〇年代以降に世界の企業経営を席巻したアングロサクソン型経営は、血も涙もない過酷なものだと言われることが多いが、ボランティア活動やセクシュアル・ハラスメント防止に積極的であったり、家族を職場に招待したり社員の転勤の際は家族に配慮するなど、個人としての社員を大切にするところもある。しかし、資本の論理に厳密に従うが故にそれに振り回されがちなアングロサクソン型経営が、日本型経営より優れているとも言い切れない。

従って、ここではどちらが優れているかという論議ではなく、現実に雇用環境がどのように変化してきたのか、そしてそれに対応して、人々がどのような新しい生き方を模索しているかについて、検討してみることが有効であろう。

二〇〇二年春には、日本興業銀行、第一勧業銀行、富士銀行の三行で構成するみずほフィナンシャルグループと、住友銀行とさくら銀行とが合併し、百兆円規模の資金量を誇るメガバンク、三井住友銀行が誕生した。この結果、システムの統合が実現すれば大幅な効率化が図られると期待されたが、実際は、その生みの苦しみは想像を超え、長期間に及んだ。国内外の支店の統廃合は数万人規模の人員削減をもたらし、その他、NTT、NEC、日産自動車、三菱電機、兼松等の大手企業でも軒並みに人員削減計画を打ち出していった。

これら一連のリストラは実際に多くの人が職場を追われるという意味で、社員一人ひとりの生活そのものに直接影響を与えるものとなった。特に、日本には社会的に離職者の受け皿が充分にないことから、深刻な事態が懸念された。それまで大企業においては新規採用を重視し、中途採用を活かす職場環境を作ってこなかったこともその一因であるが、社員一人ひとりの実務経験があまりにもその企業特有のもので転用がきかなかったことが最大の要因である。つまり、意識的に努力したり、個人の能力としての蓄積をしなくとも（あるいはしない方が）順当に出世するという矛盾がまかり通っていたのである。これは戦後のキャッチアップ時代の名残であり、組織至上主義の故である。

こうして九〇年代後半頃から、日本においても個人重視の傾向が強まっていった。人事考課や給与体系も職種と個人の業績をベースとし、昇進についても能力のある者はどんどん登用されるようになっていった。終身雇用を中心とした「戦後型雇用慣行」の終焉に呼応して、人々も新しい生き方を模索しはじめていった。

一九九九年度の国民生活白書（経済企画庁、現内閣府）では副題の「選職社会の実現」が示すとおり、自分の好みと適性に合った職業を選び、豊かな人生を送れる社会の実現を提言した。同白書によれば、終身雇用を重視する企業の割合はすでに一割を切っていた。

労働省（現、厚生労働省）の当時の調査では、大学卒業後に就職した会社を三年以内に辞める若者が急増しており、一九九五年の卒業生では三人に一人に迫っていることが明らかにされた。また定職を持たない（持てない）フリーターが若年層に増加し、九七年にはすでに一五五万人に達していた。これらの現象は確かに、若者の労働意欲の減退や厭世観といった否定的な視点で解釈されがちであったが、実際は若者の企業を見る目が厳しくなり、「選職」傾向が強くなってきた現れだったとは言えないだろうか。先の国民生活白書によれば、「求職中にこだわった再就職の条件」として、二十代以下の場合、「給与・ボーナス」が四四％であるのに対して、「仕事の内容・職種」は七〇％近くにも昇っていた。これは、若年層の間ではやりたい仕事への執着が強くなっている傾向を示すものであった。やる気があるのに就職をしなかったり、会社を辞めるケースが増えるという当時の現象は、従来型企業の魅力が減退していることの証左に他ならなかった。これがさらには、「一流大学を卒業して一流企業に就職する」という狭いリニアな選択肢から、「海外を含む複数の教育機関で勉強して複数の企業に勤める」という多様でマルチな生き方へと、若年層を移行させる契機にもつながっていくわけである。

当時、すでにアメリカでは一流のビジネススクールを卒業して社員五十人未満の企業へ就職する比率が増加傾向を見せており、スタンフォード大学では、九九年にその比率が三〇％を超え、卒業直後に自ら事業を立ち上げる割合も五％に昇っていた。アメリカ経済の当時の活況にはさまざまな要因が働いただろうが、とりわけアメリカには有能な若者がベンチャービジネスを志向する傾向とそれを社会風土的にも制度的にも支える環境があり、それが活況の大きな要因になっていたのは間違いない。

日本の若者の選職傾向は今後ますます高まるであろう。そしてそれは、むしろ望ましいことであろう。すでに敷かれた路線に乗っていくのではなく、自分の人生を自分の判断で切り開くことは大事なことである。若者の選職志向を風土的にも制度的にも支える環境が求められているのであり、それを整えていくことが、低迷する日本経済に活気を与えていくことにつながる。新規創業を側面から支援するエンジェル等のシステムが早急に整備されるべき理由もここにある(3)。

4　企業社会と女性の活用

一九九九年四月の改正男女雇用機会均等法の施行は、職場における男女平等に法制度の面で一定の進展を促すこととなった。この法律の下で国が導入支援に乗り出したポジティブアクション（積極的格差是正措置）は、女性の管理職への登用を積極的に進めて男女格差を少なくしようとする試みで、欧米で先行していた施策である。それまでは外資系企業で主に取り入れられていたが、この法律によって日本の企業にも徐々に導入されることとなった。これが九〇年代後半以降に現れた四つ目の大きな変化である。

例えば、二〇〇〇年代に入ってからマツダでは、間接部門で働く一般職の女性社員千人の半数を主務（係長補佐）や主任に一斉に昇進させた。筆頭株主の米フォード・モーターの影響であったことも否定できないが、いずれにせよ年齢や性別で差別しない業績主義の人事政策を前面に掲げ、社内の活性化を狙った。九九年時点で二二〇〇人いた主任の内、女性はわずか四人、課長は一七〇〇人の内、三人に過ぎなかったことに照らせば、このマツダの措置はかなり思い切った英断であったと言えよう。

この他、松下電器でも女性管理職の育成を目指した「イコール・パートナーシップ・コミティ」を一九九九年に発足させ、二〇〇一年には社長直轄の「女性かがやき本部」（現、多様性推進本部）を設置、さらには各事業ドメインのトップである役員十名で構成される「アドバイザーコミッティ」を設置して、それらのメンバーが各事業部門における推進責任者となって女性の積極的な登用をトップダウンで推進している（ちなみに、二〇〇九年四月の女性管理職者数〔課長クラス以上〕は二百九人で、二十四人だった二〇〇〇年四月からみると約九倍に増えている）。

もっとも、当時の日本においては、このような企業側の努力は緒に就いたばかりであり、現状は依然として女性の管理職の数は極端に限られていた。ＩＬＯ（国際労働機関）の一九九六年当時の統計を見ても、全管理職に占める女性の比率は、アメリカ四三・八％、ドイツ二七・〇％であるのに対して、日本は九・二％となっており、欧米先進国に比べて日本企業における女性の登用が進んでいなかったことは明白である。

従って、一九九〇年代後半における日本の社会と企業の地殻変動は、情報化の加速度的進展、外資系企業の進出とグローバル人事、雇用環境の変化と新たな生き方、といった三つの側面では明確に生じたが、企業社会における女性の登用についてはまだまだ水面下の動きに留まっていたと言える。しかも、この四つ目のうねりが具体的な効果として浮上するには、今後もあと数年は要すると思われる。

二　二〇一〇年の新たな動き

以上、一九九〇年代後半に始まる日本の社会と企業の〝地殻変動〟を四つの切り口から見てきた。これらの変動は今日においても続いている現象である。とはいえ、国際社会における企業の競争力という面においては、いまだ多くの国の後塵を拝している。スイスの名門ビジネススクールであるＩＭＤ（経営開発国際研究所）が発表した『二〇一〇年世界競争力年鑑』によれば、日本の順位は五十八カ国中二七位であり、中国や韓国や台湾などにも抜かれて、前年の一七位から急降下している。経済危機や少子高齢化や財政問題が評価を悪化させたと思われる。ちなみに一位はシンガポール、二位は香港、三位はアメリカである。そして、スイス、オーストラリア、スウェーデン、カナダ、台湾、ノルウェー、マレーシア、と続いている。中国は一八位、韓国は二三位、フランスは二四位、となっている。政府の効率性や社会基盤の他、法人税の高さや外国人労働者や外国企業の受け入れ態勢などの項目で、日本は低い評価を受けている。

しかし、その日本においても最近、新しい大きな展開が見られるようになった。おそらく、水面下で準備されてきたことが、ここにきて、一挙に姿を現したのではないだろうか。それは日本企業における三つの動き、すなわち「外国人社員の活用の本格化」「女性の管理職登用の本格化」「英語の社内共通語化(公用語化)の本格化」である。

1　外国人社員の活用の本格化

最近、日本企業における外国人トップやスタッフの登用に関する動きをしばしば耳にする。例えば、日本板硝子はアメリカの化学大手企業の元上席副社長を社長に迎え入れた。執行役員の半数以上も外国人となり、また日産自動車では取締役九人のうち四人が外国籍である。コマツでは二〇一二年までに、中国にある主要子会社十六社のトップ全員を中国人にする方針を決めた。横河電機は二〇一〇年四月、シンガポール法人社長のトニー・リー氏を兼務で本社の執行役員に抜擢し、工作機械のツガミも、中国生産子会社トップの唐東雷氏を同年、本社の取締役・常務執行役員に登用した。堀場製作所も同年、アメリカのインテル元副社長を専務執行役員に迎え入れ、東洋エンジニアリングも二〇〇九年、海外インフラ営業担当の常務執行役員に、インド人の幹部社員を登用した。さらに野村ホールディングでも、二〇一〇年に外国人二名を取締役に就任させた。そのうちの一人、クララ・ファース氏はロンドン証券取引所出身の女性である。

トヨタ自動車は海外生産拠点のトップの三割を外国人にする計画であり、伊藤忠商事は海外拠点に占める現地人社員の比率を三割から五割に引き上げる。ダイキンは中国でエアコンの開発者を百六十人採用し、パナソニックは日本国内の日本人採用は厳選するものの、グループ全体で千百人の外国人を採用し、一部の幹部候補には日本で最長二年の研修を行い、日本のマネジメントの理解を深めさせるという。東洋エンジニアリングはインドで正社員の技術者など百七十人程度を採用し、グループ全体では二〇一一年までに採用する人員の八五%が外国人になる。ファーストリテイリングは二〇一一年に新卒で採用する六百人の半数を外国人にし、楽天も新卒採用の一割から二割を外国人にする予定である。

一方、資生堂は国籍を問わず、職種や職責、実績などを世界共通の尺度で評価する人事制度をすでに導入中であり、花王も経営幹部の育成システムを日本と海外で一体化する。経営のグローバル化をいち早く進めた旭硝子では、すでに世界中の社員を国籍を問わず公平に評価する制度を取り入れ、成果を挙げている。また、三菱商事では十年ほど前から、外国籍社員を本社に出向させる試みを始め、当初は試験的に十人から二十人を呼び寄せていたが、二〇〇八年に制度化し、三十人に増やしている。さらに毎年世界から四十人から五十人の幹部候補を集めて、「グローバル・リーダーシップ・プログラム（GLP）」という研修を行っている。これらを基に、すでに三百人以上の優秀な外国籍社員の人事管理のデータベースを作成しており、海外人材のキャリアアップと登用の準備を整えつつ、今後

も さらに本社出向の人数を拡大するという。

このように、以前は「国際化」というお題目のお飾りに過ぎなかった外国人社員が、日本企業の戦力として本格的に登用されつつあり、職場にも変化が訪れている。例えば、日本経済新聞社が二〇一〇年五月に二十歳以上の男女千人を対象に行った調査では、職場に外国人がいると答えた回答者が三四％に及び、その傾向は若年層ほど顕著である。また外国人の役職の割合も多く、同じ職場の外国人役職が社長や役員や管理職である割合が一五％近くあった。外国人社員がますます身近になり、また自分がその部下になる割合が大きくなっていることがわかる。

さて、ナンシー・アドラー（Nancy Adler）によれば、文化的多様性は組織にメリットとデメリットをもたらす。(4) メリットとしては、多様性により創造性が増大し、広い視野と多くの優れたアイディアが生まれ、より効果的な解決策と優れた意思決定が実現する。その一方、デメリットとしては、多様性により、組織の一体感が欠如し、信頼性の醸成が困難となり、コミュニケーションが複雑化し、合意形成が難しく、意思決定に要する労力と時間が増大する。

日本経済新聞社の先の調査でも同様の点が指摘されている。例えば、外国人がいることでどんなプラス面があるかという問いに対しては、職場の活力が増し切磋琢磨して自分も磨かれるという答えが多く見られた。またマイナスの面に関しては、以心伝心が難しいことが指摘された。アドラーの調査は一九九〇年代であるから、それから十年以上経った現在でも同じ問題があることがわかる。

職場の文化的多様性には一長一短があるが、海外の売上比率がますます拡大し、現地に生産拠点を移す企業が増える今日では、外国人社員の活用が特別のことではなく、経営戦略の中心的課題となってきていることから、今後の職場はますます多様性が広がることは間違いない。その運営をうまくやるには、異文化力を備えた管理職、多様性にコミットできるトップ、コミュニケーション力を駆使し、外国人と日常的に机を並べて切磋琢磨し、タフにマネジメントができる人材が必要不可欠になるだろう。

2 女性の管理職登用の本格化

女性の社会進出がますます進み、日本における女性の労働者数が一九九〇年から二〇一〇年の二十年間に、一七八七万人から二三三九万人へと三一％も増え、全労働者に占める女性の割合も三七・七％から四二・五％に増加した（総務省「労働力調査」）。

女性の管理職の登用に関しては、徐々にだが好転が見られる。先に示したＩＬＯの統計とは異なるが、厚生労働省がまとめた二〇〇九年度の雇用均等基本調査によると、係長相当職以上の管理職に占める女性の割合は八・〇％となり、二〇〇六年度の前回調査に比べ、一・一ポイント上昇した。しかし、大企業においては五・五％に留まっており、女性にはまだまだ厳しい状況であることは否めない。女性の割合は、係長相当職が一一・一％、課長相当職が五・〇％、部長相当職が三・一％であり、二〇〇六年に比べて、それぞれ〇・六ポイント、一・四ポイント、一・一ポイント上昇した。女性管理職が少ない企業は、その理由として、管理職に必要な知識や経験や判断力を持つ女性社員がいないことを挙げているところが大半である。先に示したドイツやアメリカの比率には今日でも遠く及ばない。

このように低い水準ではあるが、専門職における女性の比率に関しても、上昇がみられる。例えば、公認会計士や医師などの専門職に占める女性の割合も増加傾向にあり、二〇〇九年の日本弁護士連合会の登録会員の女性比率は一五・四％で、一九九九年の八・四％から倍増している。女性の医師の数は一九九八年に一三・九％であったが、二〇〇八年には一八・一％に上昇している。

しかし、世界的に見ると日本女性の社会進出はまだまだ遅れており、高等教育を受けた女性の比率においてもそれは顕著である。内閣府が最近行った二〇〇七年の各国の就業率を、高等教育を受けた二十四歳から六十四歳の女性を対象とした数字で見ると、日本（六六・一％）はＯＥＣＤ加盟国三十カ国中二九位で、最下位の韓国（六一・二％）に次いで最も低いレベルであることがわかる。ちなみにトップのノルウェーは八八・八％、スウェーデンは八八・〇％、イギリスは八五・五％であった。

女性の登用に関しては、時代の要請であり自然な流れであるが、アカデミックな調査においてもその経済的な効用がわかってきている。一橋大学の川口大司准教授の最近の研究では、女性を多く雇う企業は業績が良いとの結果が出ている。川口氏は企業活動基本調査から約十八万社のデータを抽出し、賃金支払額や固定資産額、中間財購入額の三条件と売上高との関係を調べた。この関数を女性比率の異なる企業で比べると、三つの条件が一定なら、女性比率を一〇ポイント上げると売上高が〇・八％増えるとの結果が出ている。またアメリカの女性団体カタリストが二〇〇一年から二〇〇四年にビジネス誌『フォーチュン五〇〇』に掲載された企業を対象に行った二〇〇七年の調査でも、女性役員比率が高い企業ではそうでない企業に比べて業績がより良いという結果が出ている。女性の活用が経済にプラスに働いているというわけである。

このように経済的な効用があるのみならず、社会的なプラスの影響もあると考えられている。それは、女性の登用がきっかけとなり、ワーク・ライフ・バランスやダイバーシティ・マネジメントという考え方が企業に浸透し、専門の部署などが設置され、具体的な施策が行われていることである。

これはこれまで男性中心に偏りがちな業種にも出はじめている。たとえば、キリンホールディングは課長職以上の女性管理職を二倍に増やす計画を打ち出し、二〇一五年までに百人にすることを目指している。そこで導入したのが「メンター制度」である。これは先輩女性社員が定期的に後輩や新人の女性社員の相談に乗るシステムであり、これと同時にメンター養成のプログラムもスタートした。さらに「ワーク・ライフ・バランスサポート制度」を導入し、配偶者の転勤に付き添いたい社員に三年程度の休職を認めることになった。男性管理職の意識改革を目指し、社員教育も行っている。

幹部社員に圧倒的に男性が多い証券業界でも、女性登用の兆しが見えている。大和証券グループでは、二〇〇九年四月に四人の生え抜き女性役員が誕生した。これを後押ししたのが鈴木茂晴社長である。鈴木氏は、「すべての女性社員が働き続けるライフプランを描けるようにしたい」と語る。

そのうちの一人、ダイレクト企業部長から昇格した田代佳子執行役員は、一九八六年に男女雇用機会均等法第一世代として総合職で入社。アメリカでＭＢＡ（経営学修士号）を取得し、海外勤務も経験した。自らの経験から学んだ人事管理や部下の育成方法などを伝授している。例えば、異性の部下は飲みに誘いにくいという男性管理職には、酒の席ではなく職場できちんと仕事の悩みを聞くなどコミュニケーションを取ればいい、などのアドバイスをしている。また育児や介護を抱える社員に対しては、代替要員を立てて休暇制度を取りやすくするなどの配慮を行っている。

もうひとりの斎藤直子執行役員は、一般職から転居を伴う転勤のないエリア総合職に転身後、同職初の支店長となった。斎藤氏は二〇〇九年に会社が設立したワーク・ライフ・バランスに関する社内情報サイトで、相談に答えるアドバイザーを務めている。時間は自分のものである、という意識が大切だと斎藤氏は言う。もはや滅私奉公がそのまま昇進につながる時代は終わった。多様な働き方が認められなければ、社員の士気は上がらないだろう。同社では鈴木社長が、ＣＷＯ（チーフ・ワークライフバンス・オフィサー）を兼任し、グループ全体で夕方七時前に退社することを励行したり年休取得の推進に取り組んだりしている。この結果、同社では女子学生の人気企業ランキングで順位が上がり優秀な人材を選べるようになっただけでなく、男性も含めて職場全体の生産性が上がるなど、幅広く良い影響が表れている(5)。

ワーク・ライフ・バランスは、女性のためだけでなく、男性にとってもメリットがある。なぜなら、欧米に比べて低い日本の労働生産性（就業者一人当たりの付加価値）を見直すきっかけになるからである。日本では特に男性の労働時間が長いが、長時間労働をしたからといって多くの付加価値が生まれるとは限らない。逆にそれによって社員が疲弊し、モティベーションも生産性も下がってしまい、マイナス効果となる場合すらある。

また、長時間労働が慢性化した職場では、女性が出産後に復帰することが困難となる。実際に第一子の出産後、退職する女性は七割に及んでいる。日本と韓国に顕著な「M字カーブ」である。ちなみに、スウェーデンなど北欧諸国ではこのM字カーブがまったく見られない。つまり、女性は出産を経ても継続して仕事に従事しており、労働市場から撤退していないのである。筆者の個人的な経験からも、定時に仕事を終えることができれば、子育てと仕事は両立できると思う。さらにフレックスタイムや時短が実現すれば、なお良いだろう。このM字カーブを解消すれば、四〜五百万人程度の労働力増加につながるとの試算もあり、少子高齢化による労働力人口の減少を緩和できるだろう。

女性の管理職や専門職が少ない日本と韓国で出生率が極めて低いことは周知のとおりである（日本では二〇〇九年の合計特殊出生率、つまり一人の女性が生涯に産むとされる子どもの数が二〇〇八年と同様に一・三七という低位に留まっている）。つまり、女性の職場進出が少子化につながったのではなく、ワーク・ライフ・バランスが男女共に欠けていることや、出産や子育てに関する政策が不十分で、共働きの世帯が安心して子育てする環境が整備されていないことが、少子化につながっていると筆者は考える。

ワーク・ライフ・バランスが実現できれば、日本人社員のみならず、プライベートな生活を大切にする外国人社員も、日本企業で働きやすくなるであろう。すなわち、多様な社員を活用しようとするダイバーシティ・マネジメントの大きな柱のひとつが、ワーク・ライフ・バランスなのである。

3　英語の社内共通語化（公用語化）の本格化

世界市場における日本企業の存在感が低下してきているように思えてならない。グローバルビジネスにおいて「語学力」はすべてでない。しかし、それでも世界市場での勝負に打って出る際の鍵となるのが、外国語、とりわけ英語でのコミュニケーション力であろう。

日本と韓国は、前述のとおり、少子高齢化や女性の管理職比率の低さなどの点において、共通点が多い。しかし、海外留学や英語教育においては、昨今、韓国は日本に先んじていると言えよう。例えば、韓国はすでに一九九七年に英語を小学三年から必修にしており、幼稚園や保育園での英語教育も広がっている。英語での生活を体験する「英語村」も各地に開設され、幼少の折より英語に触れ、英語コミュニケーション力を身につけさせようという動きが活発化している。さらに一部の高校では外国留学を視野に入れて、理数系の科目を英語で教える試みも始まっている。企業においても然りである。LG電子はすでにその経営幹部の多くが外国人であるが、二〇〇八年に英語を社内の共通語にしており、会議もメールも書類も英語で行っている。サムソン電子も本社勤務の外国人が二〇〇九年末で八百人強であるところ、二〇二〇年までには二千人に増加させるという。同社では毎年、大勢の韓国人社員を世界各国に派遣して一年間生活させるという制度も設けている。また、大学教員など国際経営学の研究者の支援も積極的に行っており、現に筆者の友人である延世大学ビジネススクールのウンミ・チャン教授も、サムソンより日本での研修に招聘され、数週間、日本に滞在し企業訪問や調査などを行っている。

　ベネッセ教育研究開発センターが二〇〇八年に行った日韓の高校生の比較調査によると、英語で書かれたホームページやブログを読んだ経験は、韓国では七九％、日本は二一％、英語のメールを読んだ経験は、韓国では五八％、日本は一八％と、両国で大きな差が出ている。また、産業能率大学が日本企業の新入社員を対象にして行ったアンケート調査によると、二〇〇四年から二〇〇七年の間に、海外勤務をしたくないという回答が二九％から三六％に上昇し、海外赴任を命じられたらできるだけ拒否するという回答が二二％から三〇％に増えている。筆者の知る大手ゼネコンでも、新入社員が海外での現場に派遣されることを嫌うという傾向があるようだ。このように、日本はどんどん内向きになっている傾向は否めない。

　そのような状況にあって、あえて、ショック療法とも思える試みが最近、始まっている。それが、日本企業における英語の社内共通語化（公用語化）である。ファーストリテイリングや楽天は二〇一二年から英語を社内の共通語にすると発表した。ファーストリテイリングは二〇一二年から社内の公用語を英語にし、海外のみならず日本の職場においても、会議参加者のうち一人でも母国語が異なる人がいれば英語で会議を行い、世界に流す文書は原則として英語で発信するという。一方、楽天は二〇一二年度中に英語の社内公用語化を完全実施すると表明しており、外国人がいようといまいと、社内会議はすべて英語で行われるようになる。すでに取締役会は二〇一〇年三月より英語で行われている。二〇一〇年の上期決算発表においても、三木谷浩史社長は自ら英語で説明を行った。楽天は全世界で六千人を雇用しており、そのうち約四百人が外国人である。日産自動車はすでに英語を公用語化しており、カルロス・ゴーン社長兼最高経営責任者のもと、取締役会も英語で行われている。

なぜ、これほどまでに無理をして英語化するのか、という疑問もないわけではないが、日本では、政治家や企業経営者や大学教授など、先頭に立って日本をリードするべき人たちにおいてさえ、英語力が極めて貧弱であることを思うと、これくらいのショック療法が必要なのかもしれない。いかに知的なコミュニケーションを英語でするか、これは難題であり、丁々発止の対話を英語でするのは極めて高いハードルであるが、英語力が弱いと話の中身そのもののレベルも落ちるリスクがあることは念頭におかなければならない。

かつて三菱商事の槇原稔社長（当時）が社内の公用語を英語に、という発言をされたことは記憶に新しい。それから、二十年経った現在、三菱商事では、英語の社内共通語化（公用語化）がかなり進んできている。三菱商事のＨＲＤセンター長である松澤豊彦氏は三菱商事の英語化の進捗を次のように説明している。すなわち、社員の英語能力が上がっており、帰国子女の採用比率が三〜四割でＴＯＥＩＣの平均が八〇〇点から八二〇点と高いこと、中堅以上はほとんど海外勤務を経験しているため一定以上の英語力があること、重要な会社情報をタイムリーに英語で世界中に発信し、海外拠点にも関係する社内通知の九七％が英文でほぼ同時に世界中に発信され、もう少しで一〇〇％になること、現地雇用の社員の育成や活用をすすめたことによりコミュニケーションツールとしての英語化も促進され、英語による研修が増え、海外の拠点長のマインドが上がり英語による会議が日常的になったこと、などである。ただ、その一方で、異文化に飛び込んで現地の人と対峙する力が劣ってきているという問題がある、と松澤氏は指摘する。(6) この力を筆者は「異文化力」と呼んでいる。つまり、「異文化力」を備えた人とは、言葉の問題だけでなく、異なる価値観の人とも胸襟を開いて接することができる懐の深さを持った人、そうした人間としての魅力を備えた人である。英語力だけでなく、この「異文化力」がグローバル・ビジネスにおいては必須である。

では、こういったグローバル人材を育てるにはどうしたらよいだろうか？　筆者は日本の教育を根本から変える必要があると思う。

まずは家庭教育である。つまり、子育てに関わる問題である。子育てをするには、まず親と子どもが安心して暮らせる環境が必要がある。ということで、これには企業の理解と協力が不可欠である。若い人が早く家に帰って、健全な家庭生活を行う余力を持つことである。三十代になっても結婚しない（できない）人が増えている。話を聞くと、忙しくてとても家庭生活を送る自信がないという人が多い。まずはワーク・ライフ・バランスを徹底して、ゆとりのある生活ができるよう、企業はこれを支援する必要がある。子育ての環境が整備されれば、安心して結婚し子どもを産み育てることができる。子育てには親が必要である。親が家庭で子どもにどう接するか、これが子どもが受ける第一の教育である。端的な例は、夕食を一緒に取ることである。そこではテレビを消して、小卓を囲み、さまざまな会話がなされる。これに勝る教育はないのではなかろうか。

第二の教育は学校教育である。まずは小学校である。英語に関して言えば、日本でも二〇一一年度に完全実施される新学習指導要領で小学校高学年の英語が必修になる。その是非に関してはさまざまな論があるだろうが、筆者は自らの体験により、小学校時からの英語教育に賛同するものである。当然、日本語による全教科の教育の継続と充実が優先し、それに加えての英語教育という位置付けが前提である。次に中学校である。忌憚のない意見を言えば、日本の公立中学での教育は「形骸化」し「官僚化」する傾向にある。世界観を持ち、豊かな人間力を持った教員を育てなければ、中学での教育は、子どもたちの個性や能力を伸ばすどころか、逆に大きな弊害となるだろう。小学校から英語教育を受けてきた子どもたちのケースでは、この時期に英語嫌いになったという子も多いと聞く。そしてその後の高等教育である。この時期に、英語を含む語学力を磨くには、留学が最大の効果をもたらすと筆者は思う。それは同時に「異文化力」を磨くことにも通じる。英語力が向上しても、「異文化力」が減じていては、グローバルな視野を身につけることは決してできないであろう。この点については第八章であらためて触れたい。

以上、本章においては、日本の社会と企業をめぐる一九九〇年代後半以降の「地殻変動」と、二〇一〇年にうねりはじめた三つの新しい大きな動き、すなわち「外国人社員の活用の本格化」「女性の管理職登用の本格化」「英語の社内共通語化（公用語化）の本格化」について論じた。次章では、この点を踏まえて、ダイバーシティ・マネジメントと異文化経営、さらにはグローバル人材の育成と教育に関して、さらに論をすすめたい。

Diversity and Transcultural Management

第六章

異文化経営とダイバーシティ・マネジメント

ビジネスがグローバル化するにつれ、国際的に活躍できる人材がますます必要となってきている。そこで重要な鍵を握るのが、異文化経営とダイバーシティ・マネジメントの実践である。異文化経営がもともと国民文化によってビジネス慣習が違うことに焦点を当ててきたのに対して、ダイバーシティ・マネジメントは社内のさまざまな属性のグループが持つ属性そのものの相違に重心をおく。しかしこのような出発点の違いはあるにせよ、両者は「あらゆる属性の人たちの多様性（ダイバーシティ）を尊重し、これを大切に活かす」という究極の目的を共有している。

一　ジェンダー、国籍、年齢を越えた人の活用

この章では、企業社会のあり方を問う上で重要な鍵を握る、異文化経営とダイバーシティ・マネジメンについて論じる。日本企業のグローバル化が進むにつれ、海外で活躍できる人材がますます必要となり、国内においても、本社の国際化が求められている。しかし現状では、異文化対応能力を持ち英語でビジネスを遂行できる社員は少ない。ビジネスそのものはグローバルな市場で展開されているが、経営自体は未だに内向きのマインドで行われていると考えられる。林吉郎によれば、経営のグローバル化とは、「対話による経営」が進んでいるか、そのための枠組みや支援をどうするのかという問題である。そしてグローバル化を阻む背景には、日本人が異なる意見を持つ異質の人たちと切磋琢

磨して仕事をすることに不慣れである、ということがある。またそれは異文化経営に熟達していないことを示している。(1)

異文化経営は、多民族、多国籍、多言語、多文化の人々が構成する企業を経営しビジネスを行うことと定義される。一方、異文化経営が伝統的には国民文化の違いによるビジネス慣習の相違に焦点を当ててきたのに対して、ダイバーシティ・マネジメントは社内のさまざまな属性のグループが持つ属性の相違に重心をおく。しかしこのような出発点の違いはあるにせよ、さまざまな価値観の人々、あらゆる属性の人たちの多様性(ダイバーシティ)を尊重し、これを大切に活かすという究極の目的においては両者の収斂が見られる。ダイバーシティ・マネジメントとは、これまでの慣習に捕らわれずに、ジェンダー、国籍、年齢などの多様な属性や価値観を活用して、ビジネス環境の変化に迅速かつ柔軟に対応し、企業の競争力と社会的評価を高め、また個人の幸せを実現しようとする新しいマネジメント・アプローチである。かつては、ダイバーシティ・マネジメントはアメリカのような多民族の国の課題で、日本のような均質な国には関係がないと考えられていた。しかし最近では、多様性(ダイバーシティ)を活用しきれていない日本の企業や社会にとって重要度の高い課題であるとの認識が徐々に高まっている。今後の企業社会の担い手である人材の育成と活用において、ダイバーシティ・マネジメントが効果的な具体策になると考えられる。

二　異文化経営の理論的背景

異文化経営とは、ひとつの均質な属性（国籍、文化的背景、言語）ではなく、多民族、多国籍、多言語、多文化の人々が構成する企業を経営しビジネスを行うことである。また、異なる価値観、慣れ親しんだものとは違う価値観があることを認め、自分の価値観と相矛盾すると思われる価値観を認知し、尊重し、自分の価値観と異なる価値観を創造的に融合して、新たな価値観を生み出し、相乗効果を生み出すプロセスであると、筆者は考える。ここでは「文化」を、歴史や制度や社会風土において培われた価値観、その結果、顕現される意思決定や判断、行動様式、成員間の関係など、広義に捉えたい。

異文化経営の学界における先駆者は、G・ホフステッドである。オランダ生まれで、さまざまな職業を経験し、大学で教鞭をとるにいたったホフステッドは異文化経営論の代表的な研究者として誉れ高い。

第一章でも触れたように、ホフステッドは「文化」をさまざまなレベルで考察し、個人の考えや行動のパターンを「メンタル・ソフトウェア」（または「ソフトウェア・オブ・ザ・マインド」）と呼んで、これを文化の広義の定義としている。また、各国の経営における文化の影響を比較し、分析を行っている。代表的な研究には、ＩＢＭを対象に、世界四十カ国の現地法人の社員に対して、一九七〇年前後に二度にわたって行った調査があり、この時は合計で一一万六〇〇〇人から調査票に対する回答を得ている。さらにその後、対象地域を五十カ国と三地域に広げて分析を行い、これをもとに、権力格差指標（Power Distance Index）、個人主義指標（Individualism Index）、男性度指標（Masculinity Index）、不確実性回避指標（Uncertainty Avoidance Index）、長期志向指標（Long-term Orientation Index）からなる「五次元モデル」を構築している。ちなみに、この分析で日本は、権力格差が大きく、集団主義で、男性度は高く、不確実性を回避する傾向のある、長期志向の国であるとされている。(2)

ホフステッドの研究結果は大きな反響を呼び、高い評価を得ているが、調査の対象が一業種で一社に限られていることや、五つの次元の内、権力格差と男性度には重複が見られることなど、問題点も指摘されている。また、分析の基となるデータが主に一九七〇年代に集められていることから、その後、数十年が経過した現在では、経営のグローバル化が急速に進展する企業経営を必ずしも正しく反映しているとは言えない側面もある。

ホフステッドの研究がアカデミックなものであったのに対して、F・トランペナーズ（Fons Trompenaars）の研究はより実践的であり、具体的にどのような状況でどうしたら良いかという、海外で事業をする場合の具体的なアドバイスを与えている。トランペナーズの研究は、一九七九年に開始したロイヤル・ダッチ・シェル・グループ（石油資本）五社（オランダ、スウェーデン、シンガポール、ギリシャ、ベネズエラ）と衣料メーカー五社（アメリカ、オーストリア、オランダ、スペイン、イタリア）を対象にした調査票による調査が出発点となっており、データとしてはやはり古いが、すでにこの時点で文化的相違の基本となる七つの次元を提唱していたことは注目に値する。トランペナーズが特に重視しているのは、第一に、企業の経営や組織には唯一最善の方法はないこと、第二に、自分の文化とさまざまな文化の違いを理解し、ビジネスでそれを生かすこと、第三に、国際的な組織におけるグローバルかローカルかというジレンマに対して文化的洞察を与えること、の三点である。人との関係においては、普遍主義と個別主義（Universalism vs. Particularism）、個人主義と集団主義（Individualism vs. Collectivism）、中立的と感情的（Neutral vs. Affective）、特定的と拡散的（Specific vs. Diffuse）、業績と属性（Achievement vs. Ascription）といった五つの次元を提唱し、これらに時間との関係（Attitudes to time）と環境との関係（Attitudes to the environment）を加えた分析を行っている。トランペナーズによれば、日本は個別主義、集団主義、中立的、拡散的、属性重視の国である。また、過去と現在と未来が重なり合っており、環境と融合する特徴を持っているとされている。(3)

前述のように、トランペナーズの研究は実務上の適切なアドバイスを提示している点で、ホフステッドのモデルよりも応用しやすいという評価がある。例えば、多国籍企業が西欧諸国で現地法人を設立する場合には、ヨーロッパが「普遍主義」を称揚する文化であることを考慮して、人事政策や労使関係は法律や規則に則ったものとし、契約を重視する、とされる。反対に中国やロシアで設立する場合には、これらの国が「個別主義」を尊重する文化であることを考慮して、契約よりもむしろ人間関係を重視する、とされる。このように、トランペナーズが見出した次元は、実際の経営戦略に役立たせることができるという点で、国際的な人材の活用に有益であると考えられる。

しかしこのような利点はあるものの、トランペナーズの調査にはそのデータベースに関して問題点がある。ホフステッドの場合は全世界のＩＢＭの社員を調査した点で対象が明確であるが、トランペナーズにおいては回答者の属性に関して明確な定義を与えていない。また、ホフステッドは回答者の詳細なマッチングを行っており、国籍のみが異なるように操作しているが、トランペナーズはこの点も明確ではない。従って、トランペナーズの研究は、ビジネスに応用可能な実践的指針を示した点で評価はできるが、学問的には課題があると言えるだろう。(4)

三　異文化経営の要諦――コミュニケーションの視点から

さて、異なる価値観の人々の異文化シナジーを求める異文化経営においては、コミュニケーションが極めて重要である。自分の言葉で語ること、組織の人間より、個人として相手としっかり対峙することが求められる。そのためには、いかに人間として信頼し信頼されるが肝要である。同時に相手を知ることも重要で、そこでは自分の文化（高コンテキスト）から異なる文化（低コンテキスト）の環境へ移行するという認識を持ち、自分が正しく相手が間違っているという判断をすぐに下さないよう自分を律することが大切である。すなわち、Respect（敬意をもって相手に接する）、Integrity（人として誠実である）、Confidence（信念をもって言うべきことははっきり言う）の三つである。

この原則に基づいて行動することが異文化経営の実践に求められている。海外のみならず国内の職場においても、自分と異なる価値観の人と仕事をすることは、異文化経営に他ならないだろう。従ってこの能力を身につけることは、労働力がますます多様化する今後の企業のマネジメント全般において、必須となると考えられる。

今日のビジネス・リーダーは何よりもまず、良きコミュニケーターでなければならない。つまり、自己アイデンティティが確立していることと多様性を受け入れるマインドセットが醸成されていることである。この多様性の存在を念頭に入れたならば、コミュニケーションをY=aXという数式で表すことができる。Xは知識や情報であり、話の内容である。そのXが同じでも、聞く側一人ひとりの判断の尺度や心の状況、関心の程度によってaは異なってくるので、文化や人によって、aXはさまざまに異なってくる。つまり、相手が理解して吸収したもの（Y）が異なってくるのである。このことを理解すれば、〈相手は必ずしも自分の言ったことをそのまま理解するとは限らない〉という想定の上で、できるだけ誤解を避けるように、丁寧かつ明確にコミュニケーションを行っていくことが大切となる。

また、このY=aXのaは、個々人のやる気やモティベーションとして捉えることもできる。ここでは、上司は部下に対して知識や情報であるXを与えるだけでなく、一人ひとりの社員の動機と意欲であるaを高めるように仕事の配分を工夫することも重要となる。本人の意欲的な行動に対して細やかにプラスのフィードバックを行い、より良い意見や行動を引き出せるよう働きかけるということである。

さらにこの数式の応用は、対話者相互の間で総合的な「人間力」を磨くことにもつながる。異文化環境に身をおいて力を発揮するには、ロジカル・シンキングやプレゼンテーションのようなスキルベースのコンテンツのみならず、「自分とは何か」「人間とは何か」「人はどう生きるべきであるか」などの深いテーマを自分の言葉で話せるための修練も必要である。「状況はよくわかった。それであなた自身はどう考えるのか？」という問いにきちんと答えられるか否か、そしてなぜそのように考えるのか、というwhyを明確にできることがここでは求められる。とりわけ日本人の場合は、自分の価値観を自分の言葉できちんと説明できることも必要であろう。

まさに、その人の生き方や価値観が関わっており、「人間力」が問われるところである。異なる価値観を持った人と人とが対峙する異文化経営においてはこの点が特に重要である。

それでは次に、この異文化経営と表裏一体をなすダイバーシティ・マネジメントについて解説しよう。

四　ダイバーシティ・マネジメントとは

先に述べたように、ダイバーシティ・マネジメントとは、これまでの慣習に捕らわれずに、ジェンダー、国籍、年齢などの多様な属性や価値観を活用して、ビジネス環境の変化に迅速かつ柔軟に対応し、企業の競争力と社会的評価を高め、また個人のしあわせを実現しようとする、新しいマネジメント・アプローチである。

社会・文化的な多様性にいかに対応していくべきか、という問いにおいて長い歴史を持つ多民族国家アメリカでは、多様性に対するアプローチが次のような変遷を経て今日に至ったと考えられる。すなわち、マジョリティの文化にマイノリティを同化させる建国以来のアプローチから始まり、公民権法やアファーマティブ・アクション（差別撤廃措置）等のもとで雇用機会均等法の遵守に主眼をおいた一九六〇年代以降のアプローチを経て、多様性そのものを受け入れて評価する現代のアプローチへとたどり着く、という歴史である。さらに最近では競争優位の源泉として、多様性を活かそうとする新しいマネジメント・アプローチ、ダイバーシティ・マネジメントとして注目されてきているのである。(5)

ダイバーシティ・マネジメントは一九九〇年代以降、それまでの企業活動における伝統的なアプローチや多様性を受容するアプローチを超えるものとして、脚光を浴びるようになってきた。その特徴は次の四点にまとめることができる。

第一に、ダイバーシティ・マネジメントは、多様性が企業の売り上げや利益、社会的評価に貢献し、競争力の源泉となるという考えに基づいている。多様性に基づくマネジメントで優位性があるとされる分野としては、コスト、資源の獲得、マーケティング、創造性、問題解決、システムの柔軟性などが挙げられる。(6) また、最近では事業の成長そのものを促す機会として、このアプローチが認識されているという指摘もある。

第二に、ダイバーシティ・マネジメントは、個人、人間関係、組織といった三つのレベルを適応対象としている。つまり、女性やマイノリティのみにその適応を押し付けるのではなく、男―女、上司―部下、正規―非正規に関わりなく、あらゆる組織文化がこのプロセスに位置付けられるよう求められている。従って、特に企業のトップや人事担当者は、訓練や指導を通じて、積極的にこのプロセスを支援することが必要となる。

第三に、ダイバーシティ・マネジメントでは、多様性の意味を広く定義する。国籍、民族、人種、言語、宗教、ジェンダー、年齢、障がいの有無のみならず、性的指向や価値観、個性などもその範疇に含めている。人材の多様性というと、ジェンダー、国籍、人種などに焦点が当てられがちであるが、ここでは個人間や集団間で違いを生み出す可能性のあるすべての要素が考慮の対象となる。

第四に、ダイバーシティ・マネジメントそれ自体は、プログラムではなく、プロセスとして位置付けられている。あらかじめ決められた手続きや数値目標に従って取り組まれるのではなく、実際の取り組みのプロセスにおいて問題点や解決策が見出されるといった、長期的な観点を重視している。(7)

では、世界的にみて、このアプローチはその初発の段階でどの程度取り組まれていたのだろうか。これに関しては、アメリカの某コンサルタント会社が一九九四年に行ったフォーチュン五〇〇社に対する調査があるが、そこではすでに七割以上の企業でダイバーシティ・マネジメントに関連する何らかの取り組みを行っているとする結果が報告されている。その内容の多くは、経営陣、管理職、一般社員を対象とした研修や、女性、マイノリティを対象とした個別的なメンタリング・システムであるが、実際の運用においてはいろいろな形態が存在する。

五　外資系企業の事例に見る多様な能力を活かす雇用

ダイバーシティ・マネジメントにおいて先駆的役割を果たしているのがＩＢＭである。多様な市場に対応するには社員の多様性が必須であるとの認識に基づき、ＩＢＭのガースナー会長（当時）は、一九九三年にダイバーシティ・マネジメントをビジネス上の緊急課題とした。この動きは、ダイバーシティ・マネジメントを活用する企業は多様化する市場において競争優位となり、その実現には何よりその会社が社員にとって魅力的であらねばならない、という彼の信念を裏打ちするものであった。

ＩＢＭは現在でも多様性の活用の取り組みを組織内で明確に打ち出しており、ダイバーシティ・マネジメント担当副社長というポストを置いて、全体の進捗状態を統括している。二〇〇二年当時、その担当副社長であったテッド・チャイルズは、『ダイバーシティ・ジャーナル』誌のインタビューで次のように答えている。(8)

「ビジネスの担い手がどんどん多様化しています。ということは、自分と違う人々を理解し尊重することがますます必要になっています。もとをたどれば、ケネディ大統領の一九六二年の呼びかけに行き着きます。大統領は企業に対して、もっとマイノリティを雇用するように要請しました。当時は、主に黒人が対象でした。その後のアファーマティブ・アクションや雇用機会均等をめぐる運動ももちろん役立つものでしたが、今はさらに一歩進んだ状況にあります。つまり、市場の多様性に合わせて企業の人員自体も多様化することがアメリカの企業を強化する最大の方策だと思うのです。現実には、企業のトップはほとんど白人の男性が占めていますが、しかし数の問題に捕らわれてはいけないと思います。例えば、アメリカのプロ野球も一九四七年までは黒人がプレーすることは許されていなかったのです。ビジネスの場でも、人種や国籍、ジェンダーを越えた雇用から始まり、次に障がい者への門戸が開かれ、最近ではさまざまな性的指向の人々も受け入れられるようになって来ています。ここにおいて大切なメッセージは、多様性を包含することは組織の力を減じるのではなく、むしろ強化するということです。そして、多様な個性を活かすためには、社員全員がそれぞれの属性にかかわらず、フェアに処遇されていると思えることが大事です。」

ダイバーシティ・マネジメントは倫理的な側面は言うに及ばず、ビジネス戦略の上でも不可欠だというわけである。

社史を遡れば、IBMが身体に障がいを持つ人たちを初めて雇用したのは一九一四年であり、初めて女性を専門職として迎えたのは一九三五年のことである。一九四六年には営業職として初めて黒人を採用している。さらに一九九一年には、多様性を促進する部門の名称を「機会均等／アファーマティブ・アクション」から「ワークフォース・ダイバーシティ」に変えている。この名称変更は画期的なことであったとして、チャイルズは次のように語っている(9)。

「これは単に名前を変えたということではなく、新しい考えを象徴する大きな出来事でした。白人男性の社員に対して、あなたたちもダイバーシティのメンバーなのですよ、という強力なメッセージを伝えることができたのです。女性やマイノリティといった一部の問題ではなく、仕事と私生活をどう両立させるかというワーク・ライフ・バランスを含めた全員の問題だという認識に立つことができたのです。」

このように、ＩＢＭにおいては、ダイバーシティ・マネジメントは特定のグループの問題ではなく、ＩＢＭ全構成員のキャリアと生活に等しく関わる問題である、という意識が浸透している(10)。

六　日本企業へのインプリケーションとマインドウェア

ダイバーシティ・マネジメントにおいては、今後も数値目標を掲げて、地道な活動を継続することが重要であるが、同時に環境の変化についても考慮すべきである。ビジネス全体の急速な変化に対して、日本では家事や育児における女性の負担が一向に軽減せず、これらと仕事の両立は深刻な社会問題となっている。さらに、高齢社会を迎えて、介護と仕事の両立の問題も生じてきている。今後は、働く女性の問題としてではなく、男女にかかわらず日本に住む人々のすべてに関わる問題と捉えて、解決していくことが望まれる。

日本の企業はダイバーシティ・マネジメントの導入に関して、アメリカの後塵を拝しているが、近年では、日産、トヨタ、松下など、積極的に取り入れている企業もある。かつては、ダイバーシティ・マネジメントはアメリカのような多民族の国の課題であり、日本のような均質な国には関係がない、と考えられていた。しかし、最近では、ダイバーシティ・マネジメントは多様性を活用しきれていない日本の企業や社会にとって極めて重要度の高い課題であるとの認識が徐々に高まっている。

そもそも多様性とは、人々の間に存在する違いであり、ステレオタイプを伴いやすい違いである。そこには、国籍、言語、民族、人種、宗教、ジェンダー、性的指向、年齢、学歴、障がいの有無など、あらゆる属性が含まれる。日本ではダイバーシティ・マネジメントを「女性の活用」と狭義に捉える傾向がいまだに強いが、より広く定義することが、本来のあるべき姿であろう。今後は日本においても、ダイバーシティ・マネジメントが「女性の活用」から、次第に外国人や高齢者、ハンディのある方々の活用へと広がっていくと思われる(11)。

ダイバーシティ・マネジメントが生まれたアメリカにおいては、多様性の排除や拒否を撤廃するために、社会や企業が長いあいだ戦ってきた歴史がある。これは、多様性の国と言われるアメリカにおいても、多様性の排除が根強く温存されてきた証左であり、この問題の解決が一筋縄では行かないことを物語るものである。多様性排除の理由は、自分に似ている人には好意を抱き、異なる人には嫌悪感を持つという、人間の特性に関係する、理屈では割り切れない部分が大きいとされる。だからこそ、こうした課題には制度面からも教育面からも、社会や企業の構成員すべてが努力を継続し、コツコツと取り組んでいかなくてはならない課題だと思う。

さまざまな属性を持つ人々がビジネスの担い手として才能を発揮することができれば、それは個人にとっても大いに励みになり、より広い世界観と深い教養を身につけて仕事に携わるようになるに違いない。モティベーションを高めることにより、個人の力が最大限に活かされることの重要性については、すでに第三章および第四章で触れたように、筆者が一九九〇年代半ばに行った日本企業の海外現地法人に対する調査結果を見ても明らかである。この調査結果によって筆者は、現地化の進捗状態と社員の意識との間に関連性を見出し、異文化経営の指針として「多様性を活かし、異質性を尊重しつつ、チャンスの平等性を確保する」と定義づけた「マインドウェア」の概念を提唱した。[12] すなわち、マインドウェアが実践されている企業においては、日本人社員のグローバル志向が高く、現地社員のモティベーションが高いことがわかったのである。

「文化」を古典的な異文化経営で定義されていたような「国民文化」として捉えるのではなく、「さまざまな属性」「共有する前提条件」などのように、より広い概念で捉えた場合、ダイバーシティ・マネジメントと異文化経営には多くの共通点があり、両者はいわば企業活動における車の両輪であることに気づかされる。多様な人材がそれぞれの持ち前で自分の能力を伸び伸びと発揮することが、企業の競争力と社会的評価を高め、経済を活性化し、同時に、組織の中で働く個人にとっても自己の実現に通じていく、という好循環をもたらすのである。

今後は、異文化経営とダイバーシティ・マネジメントは不即不離の関係で、共にその重要性を社会に発信すべく歩んでいくべきであろう。とりわけ、異なる文化的背景の人々を活かしきれていない日本社会にとっては、一層それが求められていくべきであろう。例えば、海外から優秀な人材を求めようとしても、従属的長時間勤務の日本の職場環境に魅力を感じる外国人などいるはずがない。日本の企業社会のあり方を抜本的に変えていくことが求められているのである。しかもそれは、日本の優秀な人材の海外流出を防ぐためにも求められている。従来のやり方に捕らわれず、あらゆる属性の人々を活用するダイバーシティ・マネジメントが必須となる由縁である。日本型ダイバーシティ・マネジメントの必然性は、ここにあるとは言えまいか。(13)

Diversity and Transcultural Management

第七章

日韓企業における
ダイバーシティ・マネジメント

欧米、特にアメリカでは、ダイバーシティ（多様性）の活用が進んでいる。一方、ジェンダーに限らず、いろいろな属性を活かす経営であるダイバーシティ・マネジメントが特に遅れていると言われるのが、日本と韓国である。日韓の企業におけるダイバーシティ・マネジメントは職場における社員の態度にどのような影響を与えているのか、ここでは筆者が行った共同調査の結果を紹介する。

米国企業では新しい問題ではないダイバーシティ（多様性）の問題が、最近、日本や韓国といったアジアの国々でもようやく注目されるようになってきた。これまで日韓の企業において、多様性は競争の源泉とは見られてこなかった。日本と韓国は、民族的にも相対的に均質な国と言われており、社会のあらゆる分野において男性中心の社会とみなされていた。しかし、過去数十年における顕著な経済成長と一九九〇年代以降の景気後退を経ながら、日韓の労働市場は大きく変化した。短期契約の雇用や成果主義による給与が導入され、終身雇用や年功序列が影を潜めてきた。また、労働市場が流動化するにつれ、労働の多様性に対する問題意識が高まってきた。ダイバーシティ・マネジメントは人事のさまざまな分野をカバーする。ジェンダーの問題に限って論じられることが多かった日本や韓国の企業においても、グローバル化が進むにつれ、このダイバーシティ・マネジメントがさまざまな側面から取り上げられ、多様な属性を持つ社員に対して、その潜在力を十二分に活かそうとする取り組みが重視されるようになってきたのである。そこでこの章では、筆者が韓国の研究者と共同で行ったダイバーシティ・マネジメントに関する日韓企業の比較調査を紹介することにしよう。

一　この調査の基本的な考え方

ほとんどの既存のダイバーシティに関する研究は、アメリカにおけるものであり、ホフステッドが指摘するように文化が違うアジア諸国の状況を反映するものはほとんどない[(1)]。さらにダイバーシティに関する既存の研究をレビューしてみると、集団メンバーの多様性そのものの研究に焦点がおかれていて、ダイバーシティが人事戦略上どのように社員の態度や知覚に影響を与えるかという観点については欠落していることがわかる。つまり、チームの多様性とチームの絆・業績との関係性については研究されているが、企業のダイバーシティ戦略が職場における社員の態度にどのように影響しているのかは研究されていないということである。

本章は、日本と韓国の企業においてダイバーシティ・マネジメントが社員にどのような影響を与えているのかに焦点を当てる。ここでは、コミットメントのパラダイムを用いた。効率向上のために労働費を低く抑える「コントロール・マネジメント」のアプローチではなく、企業と社員との間のコミットメントの交換を見る「コミットメント・マネジメント」のアプローチに焦点を当てる手法である[(2)]。

例えば、企業が社員に対して雇用の保証を約束する場合、個人はその見返りとして、企業に対してよりコミットする傾向が見られる。組織が社員に対してコミットメントを表明すれば、社員もまた組織に対するコミットメントを確約し、その結果、組織コミットメントが向上する。[3] 先行研究によれば、コミットメントの実践によるプラスの効果は、アメリカにおいてのみならず、[4] アジアにおいても見出される。[5] そして、コミットメントに根ざしたＨＲＭ（human resource management＝給与・職歴のみならず、教育・訓練、人的組織までを包括的に取り仕切る人事管理の手法）を実践しているこれらの国々の企業では、ファミリー・フレンドリー制度を含むダイバーシティ・マネジメントを行う傾向がある。[6] つまり、ダイバーシティ・マネジメントは、コミットメントによる経営哲学を反映するものなのである。

この調査では、マルチレベル、マルチメソッドのアプローチを取っている。すなわち、聞き取り調査による定性的なアプローチと調査票（アンケート調査）による定量的なアプローチである。また、データは企業と社員個人という二つのレベルで収集している。ダイバーシティ・マネジメントの人事戦略については企業レベルで測定し、これに対する社員の反応については個人レベルで測定した。このマルチレベル、マルチメソッドのアプローチは、「ダイバーシティ・マネジメントは社員の態度にどのような影響を与えているのか」という本章の課題を解くに当たり、効果的な方法であると思われる。

二　ダイバーシティ・マネジメントに関する先行研究

ダイバーシティ・マネジメントに関する先行研究では、個人レベル、またはチームレベルの問題に焦点を当てているものが多い。例えば、個人レベルの研究では、ダイバーシティの認識に基づく個人の態度を扱っているものがある。[7] これは、人は自分と同じような態度の人に惹かれ、一緒に行動したがる傾向を持ち（これをsimilarity-attraction paradigmと言う）、仕事においても、男性は男性が多くいる職場に惹かれ、女性は女性が多くいる職場に惹かれる、という傾向を分析したものである。

一方、チームレベルの研究では、チームの絆や成果といった効果に焦点を当てており、多様性＝ダイバーシティがメンバー間の絆や集団の成果にどのような影響を与えているかに注目するものが多い。例えば、L・ペレッドは、ダイバーシティを「仕事に関連した多様性」と「仕事にあまり関連しない多様性」とに分けて考えている。[8] 仕事に関連した多様性Job-related diversityとは、どのような属性が経験や仕事につながる「知識」「技能」「能力」（KSA＝Knowledge, Skill, Ability）を獲得しうるか、という度合いに関するものである。これによれば、年齢、ジェンダー、民族といった属性の多様性は、仕事やチームの目標にはあまり関連せず、従って成果に対する関連性も薄いと言う。

チームレベルの研究のもう一つの方法としては、S・ウェバーとL・ドナヒューが特性モデル（trait model）と期待モデル（expectation model）という二つのモデルでアプローチを行っている。[9] 特性モデルでは、人口動態学的な多様性はKSAのような仕事に関連した多様性に関係するとされる。例えば、ある集団の構成は知識基盤やものの見方の多様性を表す指標として位置付けられ、人口動態的に異質性が高まれば、その集団のリソースも豊かになり、複雑な問題を解決する能力も向上する。

一方、期待モデルでは、人口動態的な多様性と仕事に関連した多様性との間には直接の関係はないとされる。その代わりに、期待モデルでは、人口動態的な特徴に基づいて、ある属性が他のグループメンバーによって類推され、それによって社会の類型化が起こるとされる。社会の類型化とは、異なる社会の類型に他のグループメンバーが自分たちやそれ以外の他者を当てはめるプロセスのことである。社会の類型化が起こると、自尊心というニーズによって、自分たちと同じ類型の人々（in-group）に対してはよりプラスの意見を持ち、他の類型の人々（out-group）に対してはよりマイナスの意見を持つようになる。この二つのモデルによるアプローチは、多様性の異なった側面を表しているように見える。ウェバーらは、特性モデルを使えば、仕事に大いに関連する多様性がいかにグループのパフォーマンスを改善するか、また、期待モデルを使えば、仕事に直接関連しない多様性がいかにグループの絆を高るか、といった傾向を捉えることができると述べている。

これらの研究は個人レベルとチームレベルにおけるダイバーシティの問題を明らかにしたものだが、これをさらに発展させると、企業レベルの慣行が職場における社員の態度にどのような影響を与えているか、という問題が喚起される。今や多くの企業がダイバーシティ・マネジメントを重要な人事戦略として捉えつつある。ダイバーシティ・マネジメントの先行研究を発展させることは、グローバル化時代の人事戦略をより正しい方向に導くためにも、経営学における重要課題の一つとして位置付けられてよいだろう。

三　企業調査による実証研究

1　調査の概要

二〇〇四年三月から九月にかけて、筆者はトヨタ自動車、ソニー、三菱商事、キヤノン、LG、SK、サムソンなど日韓の大手企業二十社を対象にヒアリングと調査票による比較調査を行った。その結果、日本と韓国はダイバーシティ・マネジメントの実施の遅れにおいて、共通の問題を抱えていることが浮かび上がった。ダイバーシティ・マネジメントとは、さまざまな文化的背景（ここでは国籍や民族、ジェンダー、障がいの有無、年功などを意味する）を持つ人々に平等にチャンスを与え、社員の可能性を開いていく企業の能力と定義される。日本と韓国は、先進工業国として成功を収めた国であるにもかかわらず、ダイバーシティの活用においては特に欧米や一部のアジア諸国（シンガポール、フィリピンなど）の後塵を拝している。また、両国の間には、ダイバーシティの活用における努力と進捗のレベルで若干の違いがある（後述）。

日韓両国におけるダイバーシティ・マネジメントの実施の遅れは、ジェンダーをめぐる状況をみるとわかりやすい。筆者が調査したアメリカに本社を置く多国籍企業A社の場合は、アジア太平洋地域の一万七〇〇〇人の社員のうち、女性は三二〇〇人（一九％）であるが、幹部社員一八〇人のうち、女性はたったの六％である。その内わけを国や地域別でみると、アセアン諸国一〇％、オーストラリア七％、中国が六％であるのに対して、日本はわずか二％、韓国は〇％であった。係長レベルの女性社員の割合は、全社員に占める女性社員の割合と同じ一九％であるが、この比率は上位の管理職になるにつれ、かなり低下する。ガラスの天井が中間管理職のあたりに存在するようで、三十代半ばの女性社員に痛烈な影響を与えていることがわかる。三十代半ばといえば、子どもを作ろうか、あるいは諦めようかと迷う年代である。この問題を重視して、A社は会社の近くに保育所を開設し、女性管理職のためのロールモデルを積極的に奨励している段階にあった。日本も韓国も、それぞれ一九八五年と八八年に男女雇用機会均等法を施行し、国としても対策に乗り出したが、現実は法律の条文とは異なり厳しいものがある。また、最近では日本でも韓国でもワーク・ライフ・バランスの必要性が認識され、徐々に状況が改善されてきてはいるが、特に職場においてその傾向が強い男性中心社会の文化は、両国ともにまだまだ根強く残っているというのが現状である。

2 仮説の展開

ダイバーシティ・マネジメント戦略の効果（いかに社員の姿勢に影響を与えるか）は、「コミットメント・マネジメント」の観点から論じることができる。コミットメント・マネジメントは、企業と社員の関係は二者間の交換に基づいている、という考え方に拠っている。例えば、J・マーチとH・サイモンは、組織の均衡観（the organizational equilibrium view）について説明し、この交換は企業が社員に与える支払いと社員が企業に与える貢献との間に行われるとしている。[10] この場合、社員が貢献を続けるには、企業からの支払いが社員の貢献度と少なくとも同等のものであるという前提が必要である。E・コセックとR・ブロックによれば、このコミットメント・マネジメントのアプローチは企業と社員との間の互恵性に基づいている。[11] コセックらはこの互恵性の価値に着目して、社員はコミットメント・マネジメント・アプローチを採っている企業を雇用主として選択することで、企業に一層コミットすることになると分析している。すなわち、企業は社員に雇用を保障することでコミットメントを表明し、社員はその見返りとして企業にコミットするのである。コミットメント・マネジメント・アプローチは、目標と成果に照らした評価、成果に見合った報酬、それらに関する情報の共有、などの実践項目により成り立っている。ダイバーシティ・マネジメントもまた、このコミットメント・マネジメントの考え方を反映していると考えられている。ダイバーシティ・マネジメントは、基本的に、企業が社員のさまざまなグループとさまざまなニーズに対してコミットする経営哲学を基盤とするものだからである。[12] したがって、ダイバーシティ・マネジメント戦略は、コミットメントに根ざしたHRMの実践が与えるものと同様の影響を社員の姿勢にもたらすと考えられる。

次頁に示す**図14**は、ダイバーシティ・マネジメントにおける企業と社員の関係を表したものである。HRMにダイバーシティ・マネジメントを組み込むことによって、企業は社員に対して、社員のジェンダーや国籍、年齢等に捕らわれずに、個々の成果や能力に基づいて公正に社員を評価し、昇進させ、社員に報酬を与えているという姿勢を示すことができる。一方、社員は、そうした企業のフェアな姿勢を知覚することによって、その正当性への認識を大きく高め、自らも企業に対する姿勢をプラ

図14　ダイバーシティ・マネジメントにおける企業と社員の関係

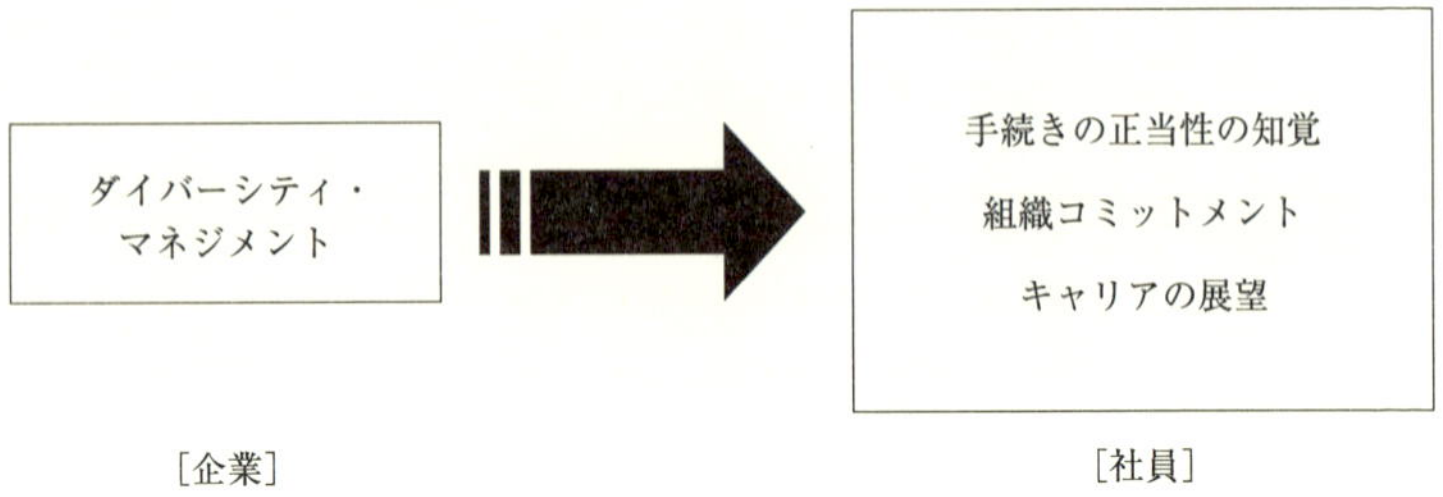

スの方向に向けていく可能性を高める。組織の正当性（organizational justice）は、二つの側面から成り立っていると言われている。一つは、分配の正当性（distributive justice）であり、もう一つは手続きの正当性（procedural justice）である。分配の正当性は、社員が受け取る報酬額の知覚された公正さ（perceived fairness）であり、手続きの正当性は、その額を決定する手段の知覚された公正さである[13]。これまでの研究により、手続きの正当性は、企業—社員間の双方向のコミュニケーションや社員の参加、社員への評価基準の適用といったマネジメントの実践により確保されることがわかっている[14]。また、最近になって、手続きの正当性の中にも二つの側面、すなわち、フォーマルな手続きと相互作用的な手続きの二つがあることがわかっている。前者は公正な手続きが用いられている度合いを測り、後者は組織による手続きの過程で生じる人間関係の質を測る[15]。企業がダイバーシティ・マネジメントを効果的に実践しているときには、社員は意思決定が偏見なく行われていると知覚（non-prejudicial perceptions）するため、社員の手続きの正当性の知覚が向上する。この考察を踏まえて日韓企業の調査結果をみると、次の仮説を立てることができる。

仮説1(a) 社員の「知覚された手続きの正当性」は、企業がダイバーシティ・マネジメントを活用すると向上する。

仮説1(b) 日韓の企業双方において、この効果が極めて大きい。

コミットメント・マネジメントの一形態としてのダイバーシティ・マネジメントは、企業に対する社員のコミットメントの度合いを上げることができる。先行研究においては、これを「心理的契約」として説明しているものものある。心理的契約とは、成果に基づいた報酬、研修、昇進、長期的な雇用の安定、といった交換契約の条件に対する社員の信頼度を示すものである(16)。こうした交換契約の条件に社員が満足できなかったり、企業が違反したりすれば、心理的契約も損なわれ、負の結果をもたらすことになる。つまり、社員の企業に対するコミットメントが低くなり、企業に対する信頼が損なわれる結果となる。

現在のところ、ダイバーシティ・マネジメントを心理的契約の視点から測定した先行研究は残念ながら存在しないが、ダイバーシティ・マネジメントが社員の期待を満足させる有効な手段になりうると推定することは十分できる。つまり、企業が個々の社員の特徴を理解し活用するという姿勢を示せば、個々の社員の中に心理的契約が成立し、社員の企業に対する姿勢＝コミットメントにプラスの影響を与える可能性が高いということである。例えば、ファミリー・フレンドリー制度の効果に関する研究によれば、そのような施策を講じている企業は社員のニーズに注意を払っていると認識され、社員はその企業に一層積極的にコミットしていく傾向にあることがわかっている[17]。これにより、次の第二の仮説を立てることができる。

仮説2(a) 社員の「組織（に対する）コミットメント」は、企業がダイバーシティ・マネジメントを活用すると向上する。

仮説2(b) 日韓の企業双方において、この効果が極めて大きい。

個々の社員が抱くキャリアの展望に関しては、先行研究ではあまり明らかにされていない。ここで言うキャリアの展望とは、社員自らがその能力の許す限り、昇進のチャンスを最大限に有していると期待しうる度合い、ととりあえず定義しておく。社員が高い期待を持てば、その企業において、自分のキャリアに関してより強い展望を持つことができる。この認識は、ダイバーシティ・マネジメントに直接関係する事柄であると考えられる。つまり、企業がダイバーシティ・マネジメントを能動的に活用すれば、社員はジェンダーや国籍、年齢などのさまざまな属性に捕らわれず、差別なく評価されると考える。したがって、能力の許す限り、昇進できると考えるのである。これにより、次の第三の仮説を立てることができる。

仮説3(a)　社員の「キャリアの展望」は、企業がダイバーシティ・マネジメントを活用すると向上する。

仮説3(b)　日韓の企業双方において、この効果が極めて大きい。

3　データ収集と調査票の項目

二〇〇四年に行った日本の企業九社と韓国の企業一一社に対する調査は、それぞれの企業の社員四十名および人事担当の管理職（人事部長など）一名を対象としたものである。記入された個々の調査票は封詰め回収によって匿名性を担保した。韓国企業からは三七〇通（回収率八四・一％）、日本企業からは二一二通（回収率五八・九％）の回答が得られた。韓国企業の調査票は現地語で書かれ、第三者の専門家に翻訳のチェックを依頼した。

◆企業のダイバーシティ・マネジメント・インデックス（DMI）

まず、それぞれの人事担当の管理職を対象に、ダイバーシティ・マネジメントの実践の度合いを以下の設問によって五つの側面から測定した。

①**報酬**　ジェンダーや年功や国籍を問わない給与体系が実践されているか（三つの質問に七段階評価で回答）

②**昇進**　ジェンダーや年功や国籍を問わない昇進制度が実践されているか（三つの質問に七段階評

表8　ダイバーシティ・マネジメントの実践の日韓比較

ダイバーシティ・マネジメント	日本	韓国	F値
①報酬			
ジェンダーを問わない	6.11	6.20	.01
年功を問わない	5.67	3.60	15.34**
国籍を問わない	6.22	5.38	1.22
②昇進			
ジェンダーを問わない	6.11	5.33	.94
年功を問わない	5.67	3.33	14.70**
国籍を問わない	5.89	5.60	.11
③研修			
女性の割合%	26.86	25.30	.02
外国人の割合%	.28	3.25	.43
④管理職			
女性の割合%	4.27	7.92	1.59
外国人の割合%	.28	3.25	.89
身体障がい者の割合%	.46	.41	.02
⑤ファミリー・フレンドリー制度	4.11	2.50	4.23*
合計	1.88	−1.67	2.70

* p<.05　** p<.01
F値＝統計学上の有意性を示す値

価で回答）

③**研修**　女性や外国人に対して行われる研修の割合はどのくらいか。

④**管理職**　女性や外国人や身体に障がいを持つ人の管理職における割合はどのくらいか。

⑤**ファミリー・フレンドリー制度**　ファミリー・フレンドリー制度の採用度はどのくらいか（育児に関する情報、育児や介護のためのフレックスタイム、育児や介護のための資金の補助、有給産休、無給産休、有給育児休暇、無給育児休暇、以上七つの政策項目をそれぞれ1とした平均値）。

これらの五つの設問に対する回答を平均して、それぞれの企業のダイバーシティ・マネジメント・インデックス（DMI）

を求めた（表8）。

◆個々の変数

次に、ダイバーシティ・マネジメントの実践に対する社員の認識度について以下の三つの側面を測定した（表9）。

①**知覚された手続きの正当性**　ここでは、J・プライスらの設問項目を用いた(18)。その企業の意思決定プロセスが、昇進、昇給、成果の評価、社員のベネフィット（福利厚生）の四項目に関して正当であったかを、七段階評価法により回答を求めた。

②**組織コミットメント**　ここでは、J・メイヤーらの測定方法（Affective organizational commitment measures）を用いた(19)。「組織に対する強い帰属意識はない」「外部の人とその組織に関して討論することは楽しい」など七項目の設問について、同じく七段階評価法によって回答を求めた。

③**キャリアの展望**　ここでは、その企業における昇進の見通しについて尋ねた。

表9　社員の認識の日韓比較

	日本	韓国	F値
①知覚された手続きの正当性	3.87	4.01	1.65
②組織コミットメント	4.59	4.72	1.94
③キャリアの展望	4.80	4.34	13.79**

* p<.05

4　統計分析の結果

日韓比較についての結果は以下のようになったが、ここではその差異を大づかみに概観していただくことが目的なので、統計学上の数値や用語の細かな説明については割愛する。

①日韓両国のダイバーシティ・マネジメントの比較

両国の回答結果を見ると、日本企業と韓国企業の間に多少の違いがあることがわかる。まず、**表8**を見てみる。日本企業は韓国企業に比べて「報酬」と「昇進」に関して、年功を問わない程度が高い（報酬 F=15.34, p<.01、昇進 F=14.70, p<.01）。さらに、「ファミリー・フレンドリー制度」は韓国企業よりも日本企業の方がより多く実践されている（F=4.23, p<.05）。しかし、全体のＤＭＩに有意な違いは見出せないため、ダイバーシティ・マネジメントの全体的なレベルは、日韓の間に有意な違いはないと結論できる。

社員の認識に関する比較は**表9**のとおりである。「知覚された手続きの正当性」と「組織コミットメント」については、日韓企業の間に大きな違いはない。しかし、「キャリアの展望」については、日本企業の回答者の方が高い数値を示している（F=13.79, p<.01）。

②仮説の検証

先に示した仮説1～3の検証には階層線形モデル（ＨＬＭ the Hierarchical Linear Modeling）を用いた（階層線形モデルとは、下位の階層のデータが上位の階層によってグルーピングされていて、入子状になっているデータの分析を行う際に使う統計手法のこと）。本調査はマルチレベルであり、社

表10　階層線形モデルによる日本企業の社員の回答結果

	手続きの正当性	組織コミットメント	キャリアの展望
レベル1			
年齢	.04(.00)	.00(.00)	.07(.00)
ジェンダー	−.37(.07)	−.73(.36)	.55(.91)
勤続年数	−.06(.00)	.02(.00)	−.06(.00)
教育	−.25(.19)	−.29(.07)	.27(.17)
レベル2			
ダイバーシティ・マネジメント・インデックス	.09**	.07**	.12**

** p<.01

表11　階層線形モデルによる韓国企業の社員の回答結果

	手続きの正当性	組織コミットメント	キャリアの展望
レベル1			
年齢	.03(.00)	.03(.00)	.12(.00)
ジェンダー	−.40(.13)	1.00(.33)	1.28(.01)
勤続年数	.00(.00)	.00(.00)	.00(.00)
教育	.05(.00)	.06(.01)	.12(.00)
レベル2			
ダイバーシティ・マネジメント・インデックス	.06*	.01	.06*

* p<.05

員である回答者が企業に含まれている（入子状になっている）ため、通常の回帰分析（従属変数と独立変数の間に式を当てはめ、前者が後者によってどのくらい説明できるかを定量的に分析すること）は適切ではないと考えられたからである[20]。

　分析の結果は、**表10**と**表11**に示すとおりである。「知覚された手続きの正当性」に関しては、DMIは日韓両国の企業において社員にプラスの効果を与えることがわかった（日本企業の社員は.09, p<.01、韓国企業の社員は.06, p<.05）。したがって、仮説1は支持された。次に、「組織コミットメント」に関しては、DMIは日本企業において社員にプラスの効果を与えることがわかったが（.07,

p<.01)、韓国企業の社員においてはその効果が見られなかった。したがって、仮説2は一部だけが支持された。最後に、「キャリアの展望」に関しては、DMIは日韓両国の企業において社員にプラスの効果を与えることがわかった（日本企業の社員は.12, p<.01、韓国企業の社員は.06, p<.05）。したがって、仮説3は支持された。

四　考察

競合関係にある他社には容易に模倣できないユニークな人材を育てることで、その人材は所属企業に対して競争優位の源泉を提供することができる。[21] 効果的なHRMにより、それを実現することができるのである。多様性あふれる社員の存在は、異質性を重視した人材の活用を示唆し、企業のマネジメントと社員の姿勢に、きわめて高いプラスの効果をもたらすことになるだろう。HRMにはこうした戦略的な重要性があるにもかかわらず、多様性に関するこれまでの研究は個人レベルやチームレベルの分析に留まっていた。そこで、マルチレベルの分析によって日韓企業を比較し、ダイバーシティ・マネジメントの実践と社員の姿勢に与えるその影響を分析しようとしたのが本調査である。

本調査では主に次のことが確認された。第一に、ダイバーシティ・マネジメントにより、両国企業の社員の姿勢にはプラスの影響が現れたこと。つまり、「知覚された手続きの正当性」「組織コミットメント」「キャリアの展望」の三点に対するプラスの効果である。第二に、両国の企業を比較すると、日本企業の方がダイバーシティ・マネジメントをより積極的に実践していること。特に、「年功を問わない給与」「年功を問わない昇進」「ファミリー・フレンドリー制度」においてそれは顕著であった（これらの相違は聞き取りによる定性的調査と調査票による定量的調査の両方で確認された）。第三に、日本企業の社員の方に、より大きなプラスの影響が現れたこと。例えば、韓国企業の社員の「組織コミットメント」は、ダイバーシティ・マネジメントによっては有意な影響が見られなかった。これは興味深い発見であるが、おそらく、調査の段階では、韓国ではまだダイバーシティ・マネジメントが日本ほど広範に行われておらず、韓国の社員の認識が十分でなかったためであろう。

これらの調査の結果、全体的に示唆されるのは、ダイバーシティ・マネジメントは欧米のみならず、アジアにおいても、重要な人事戦略として用いることができ、またそうすべきだということである。つまり、アメリカの企業の場合と同じように、ダイバーシティ・マネジメントはアジアの社員の姿勢にもプラスの効果をもたらすのである。長年、人事戦略は社会の文化的価値観を反映すべきであると考えられてきたが[22]、この「文化に制約された見解」では、異なる文化的価値観を持つ社会のもとでは異なる企業マネジメントが必要になる、ということになる。一方、「文化に制約されない自由な見解」においては、ＨＲＭは文化を越えて移転性がある、ということになる。この二つの考え方の間の決着はまだついていない[23]。

しかし、本調査結果は、マネジメントには文化や国境を越えて共通して適用できるものがあることを示唆している。ダイバーシティ・マネジメントの概念はアジア諸国の中でも日本と韓国においてはまだ新しい概念であるが、そうした状況にあって、このダイバーシティ・マネジメントの実践が日韓企業の社員の姿勢に有意な効果を与えているという本調査結果は、極めて重要なメッセージとなるだろう。つまり、この調査結果は「文化に制約されない自由な見解」を支持するものとなるのだが、今後はさらに、本調査において対象としなかった他の文化的背景との関わりにおいても幅広く調査を重ねる必要があるだろう。

ところで、本調査については、いくつかの制約条件があることを付記しなければならない。そもそも方法論に関しては、人事担当者一人を通じてその企業の人事政策を調べること自体に大きな制約がある。先行研究でも、回答者一人による調査には測定上の誤差と信頼性の問題があると指摘されている[24]。そこで本調査では、誤解を最小限に留めるために、設問項目を具体的に明記することにした。また、人事担当者の選択においては、すくなくとも十年前後の人事部経験を有する中間管理職以上の社員に限定して、知識豊富な回答者を得ることにした[25]。しかしながら、そのような試みにもかかわらず、多少の誤差が生まれる可能性があった。これが本調査における第一の制約条件である。第二の制約条件は、標本数が少なかったことである。標本数が少ないため、本調査のみで包括的な結論を導くことはできなかった。また、調査対象とする業種も限られていた。もし業界をより広げて調査したならば、今回とはまた別の、興味深い結果を導き出せる可能性も高い。したがって、今後は標本数を増やすのみならず、さまざまな業界を対象にして調査を行う必要があろう。

このような制約条件はあるものの、本調査結果はダイバーシティ・マネジメントが導入されたばかりの日韓企業の実証研究として、大きな希望を持たせるものである。ダイバーシティ・マネジメントは近い将来、日韓両国の人事政策の主要な部分を占めるようになるだろう。日本も韓国も、少子高齢化という深刻な問題を抱えている。日韓両国の企業にとっては、もはや国内市場だけではなく、グローバルな市場で競争力を高めることが喫緊の要事となっている。これはすなわち、さまざまな分野において、よりオープンで、文化的な寛容性を身につける必要があるということでもある。日韓両国はともに儒教の国であり、例えばジェンダーの役割分担においても、その影響は根強く残っているかもしれない。グローバル時代において、この心理的な壁を打ち破る必要がある。ジェンダーを越え、国籍を越え、そしてあらゆる社会的属性を越えて協働することが、職場に活気をもたらし、ひいては社会全体に活力をもたらす鍵となるに違いない。ダイバーシティ・マネジメントは二一世紀のビジネス、とりわけ、人事制度における根幹を形成するものであり、属性を越えて人を活用するという意味で、異文化経営[26]との両輪を成す、社会の活力の源になると信じている[27]。

Diversity and Transcultural Management

第八章

グローバル人材の育成と留学の効用

2010年は日本企業のグローバル化が本格化した「グローバル元年」である。異文化経営とダイバーシティ・マネジメントの担い手であるグローバル人材とは、どう定義されるのか、またそういった人材を育成するために教育はどうあるべきなのか。さらには、その育成の一助となる留学の効用とは何なのか。

日本企業が国内にばかり留まっていては、また、日本人だけによる経営が続けられる限りは、いよいよ立ち行かなくなるという事態が深刻化している。円高は止まるところを知らず、中国や韓国など新興国によるグローバル競争は生き馬の目を抜く有様で、その厳しさが日に日に増している。いまや日本は、モノやカネの面のみならず、ヒトの面でもグローバルな力をつけることに真剣にならざるを得ない状況に追い込まれている。しかし、これはピンチであると共にチャンスでもある。

現に日本企業の中にもグローバル人材の養成に本格的に乗り出しはじめているところがある。例えば、日立製作所は二〇一二年春に採用する社員から、事務系は全員、技術系も半数を、将来的に海外赴任の対象とすることを決めている。また、若手社員を対象とした語学留学や海外実務研修、海外出張も大幅に拡充する予定である。二〇一一年度の採用活動時から、学生に対し、将来海外赴任する意思があるかどうかを確認した上で、一定の語学力がある人材をグローバル要員として採用することになっている。早期に海外で経験を積ませて、将来、管理職として海外赴任した時に即戦力となる人材を育てようという試みである。(1)

グローバル経営ができる人材、いわゆるグローバル・ビジネス・リーダーとは、フォードの元会長兼CEO（最高経営責任者）であるトロットマン氏の言葉を借りれば、国際経験が豊富で、多様性にコミットすることのできる人を指す。ちなみに、フォードでは将来有望な幹部社員に積極的に海外勤務の経験を積ませている。勇気、持続力、チームワーク、品格ともに、その真価は、多様性へ積極的にコミットしようとする姿勢によってまず測られる。

日本では「なぜグローバル人材が育たないのか」という疑問が呈されて久しいが、本章では、異文化経営とダイバーシティ・マネジメントの担い手であるグローバル人材の育成と、それに寄与すると思われる「留学」の効用について考えていきたい。

一　グローバル人材とは

ひと口にグローバル人材と言ってもその定義は簡単ではない。それを承知しつつ筆者の考えを述べれば、次のようになる。

「多様な価値観を受け入れ、異文化に動じない人。基本的なビジネススキルを持ち、英語などの外国語でビジネスができる人。組織ではなく、個人として魅力のある人。会社の看板がなくても世界で勝負できる人。自分で判断できる人。世界を俯瞰的に見る広い視野を持っている人。」

こんな人が果たしているのか、と言われそうだが、周りを見渡していると、何人かそれに該当する人が思い当たる。それは、若い時に海外生活をした人、特に、自ら進んで留学をした人たちである。単に海外で生活した経験があるだけでは不充分である。例えば親の海外転勤により、仕方なく海外生活をした人の場合は、語学力はあるものの、右に挙げたそれ以外の要素を満たしていないことが少なくない。反対に、短くとも自ら進んで海外に出た人の中には、語学力はそれほどでなくても、それ以外の要件では一定の素養を身につけている人が結構いる。つまり、語学力＝グローバル人材ではない。語学力は必要条件ではあるが、十分条件ではないのである。

海外に行くことが簡単になった昨今、若者の海外留学も盛んになっているかというと、残念ながらその反対である。日本の若者たちは総じて、世界から遠ざかっていると言っても過言ではあるまい。かつては日本企業も積極的に欧米のビジネススクール（経営大学院）でＭＢＡ（経営管理学修士）を取得できるよう社員を派遣していたが、今ではそれは稀なケースになっている。アメリカの名門ビジネススクールでは日本人留学生が減り、中国人や韓国人の留学生が幅をきかせている。また高校の留学はかつて狭き門であったが、今では留学希望者を集めること自体に高校留学機関が躍起になっている。大学においても同じである。海外からの留学生は加速度的に増えているが、日本から海外に留学する若者の数は停滞している。さらには、若手の研究者も最近では安易に国内の大学院で学位を取得しようという人が多く、かつてのように海外に出て博士号を取得しようという意欲的な人は少なくなっている。研究者として海外に残って研究を続ける人も少なくなり、例えば、経営学の分野では数えるほどである。これはインド人や中国人とはまるで違う動きである。筆者はこの事態を嘆かわしく思っている。確かに、若者の留学離れには日本経済が長期に停滞していることや、日本が豊かになり生活が便利になったこともその要因として挙げられてはいるが、そればかりではないだろう。日本という特殊なぬるま湯的環境に安住し、世界の動きを肌で感じることをせず、とりわけ研究・教育機関においては、些細な内部抗争やタコつぼ的発想に陥りがちな傾向もみられる（昨今の政治の動きもこれと無関係ではない）。

そこで、グローバル人材の育成に欠かせない留学の効用とは何かについて語らねばならないが、その前に、筆者が行った興味深い調査をまず紹介しておこう。

二　社員のタイプの意識調査——アメリカとチリと日本の比較

数年前に中米のコスタリカで行われた経営に関するある国際学会に出席した折、学生を対象とした「社員のタイプ」に関する意識調査の報告を聞く機会があった。そこではチリとアメリカの学者が二カ国の学生の意識を比較をしていて、とても興味深かったのでいろいろと質問をした。その後のディスカッションで、日本の学生の意識はどうなのだろう、という話になり、筆者も同様の手法で日本の調査を担当することになった。

いくつかの先行研究によれば、社員には三つのタイプがいると言われている。つまり、「必要不可欠な社員」と「普通の社員」と「問題のある社員」である。

「必要不可欠な社員」とは、文字通り、その企業にとって、なくてはならない社員であり、組織をまとめる力があり、企業の経営の要となる社員である。組織全体の機能を向上させ、結束力を高めて、成果を上げる。「この人の代わりは誰もできない」と誰しもが思うような、組織にとってもっとも好ましいタイプである。

「普通の社員」とは、普通の能力を持ち、企業の成功にはあまり大きな影響を与えない社員である。組織の目標に対して大きな貢献はしないが、マイナスの影響も与えない。自分からイニシアティブは取らずに、たんたんと仕事をこなす社員。指示通り仕事はやるが、この人でなければ困る、ということはなく、他の人でも交代が可能である。

「問題のある社員」とは、トラブルメーカーであり、企業にマイナスの影響を与える存在である。組織の目標達成に貢献しないだけでなく、組織にダメージを与えることもある。不満が多く、ミスを糊塗したり職場の雰囲気を暗くしたりと、社内での信頼度も低い。同僚のあいだでは付き合いづらい存在とされている。

表12　三国の学生がイメージする「普通の社員」の特徴（上位5項目）

順位＼国名	アメリカ	チリ	日本
1	平均的	コミットしない	普通
2	怠惰	内向的	信頼できる
3	追随する	勤勉な	勤勉な
4	無関心	責任感のある	友好的
5	信頼できる	順応する	順応する

1　調査の概要

調査対象は、アメリカのMBAの学生三二名、チリのMBAの学生四七名、日本のマネジメント専攻の学生四六名である。調査方法は、回答者が上記三つのタイプの特徴として思いつくイメージをそれぞれ十項目ずつ挙げるというものである。回答総数は、アメリカが九六〇（三タイプ各三二〇）、チリが一二五八（「必要不可欠な社員」四五三、「普通の社員」三八六、「問題のある社員」四一九）、日本が一三八〇（三タイプ各四六〇）であった。

回答内容の結果は、「必要不可欠な社員」と「問題のある社員」に関しては三国間に大きな違いはみられなかったが、**表12**に示すように、「普通の社員」に関しては、差がみられた。つまり、このタイプの特徴について、アメリカの学生はかなり否定的なイメージ、日本の学生はかなり肯定的なイメージ、チリの学生はその中間に位置するイメージを挙げたのである。学生対象の調査とはいえ、この調査結果には、日本社会一般における「普通の社員」への評価の高さの一端が現れていると言えよう。

2　調査結果から見えてくるもの

なぜ、日本では「普通の社員」への評価が高いのだろうか？　いろいろな原因があると思われる。ひとつには日本の社会が比較的均質であり、その中で「中間層」が圧倒的多数を占めていることがあるだろう。また、戦後日本のキャッチアップの経済において、会社の指示を忠実に実行する「中間管理職」の存在が大きな力を発揮し、その姿勢が肯定的に社会に受け入れられてきたことも一因かもしれない。

本書で何度か紹介してきたオランダの異文化経営論の先駆者ホフステッドは、国によるビジネスのやり方の違いをいくつかの次元で説明をしているが、彼によれば、日本の文化は「集団主義」、つまり「出る杭は打たれる」というわけである。突出したリーダーが明治維新のような一時期を除いては育ちにくい風土にあり、会社にあっては、フォロワーである「普通の社員」が歓迎される傾向にある。

先の回答結果では、日本の回答者は、「普通の社員」と「必要不可欠な社員」とのあいだに共通の特徴を見出している。これは、「普通」の中でも特に秀でている人がリーダーになるという考え方の現れであろう。あるいは、普通であることが良いこと、組織にマイナスの影響を与えない社員が良い社員、という捉え方の反映でもあろう。これに対して、特にアメリカでは、全員を引っ張っていくような強いリーダーが望まれており、それができない「普通の社員」に対しては否定的なイメージを持つ傾向が強い。

さて、グローバル化が否応なしに進展している今日の状況を鑑みれば、今後は強いリーダーシップを持って国際舞台で対峙することのできる人材が、ビジネスや政治の世界のみならず、あらゆる領域で求められてくるだろう。「普通が一番」はもちろん、個人のライフスタイルとして大切な価値観の一つであるには違いないが、一企業の社員全体が先のタイプに言う「普通」を志向したとき、その企業は弱体化してしまうのではないかという懸念を持たざるを得ない。

これからの日本は、もっとグローバル人材を輩出するための教育に力を注いでいくべきだろう。そのためには、いい意味での「エリート教育」が必要になってくるだろう。エリートとは本来、人に厳しいのではなく、自分に厳しい人であり、人の痛みがわかる、公の大きな器を持つ人間のことではないだろうか。Noblesse oblige（ノブレス・オブリージュ＝高貴な者には高貴たることが課せられる）。これは、私がかつてフランスに留学した時の冬休み、自宅（そこはまさにお城だった）に招いてくれた旧伯爵家の一家の生き方に触れ、感得したことである。

「人の心」がわかり、自分の判断で責任を持って行動することができ、かつ「多様な価値観」を受け入れて人々を良き方向に導くことのできる、そうしたリーダーが真のグローバル・リーダーだと思う。「普通」に甘んじることなく、「高貴なリーダー」が育つ日本になっていかなければならないと痛切に思う。そのために教育の現場は何をしなくてはならないだろうか。

三　グローバル人材育成のために教育現場の変化が必須

もちろん、国もグローバル人材の育成に背を向けているわけではない。大学や大学院における国際的な教育を促進しようという動きがある。例えば、「社会総がかりで教育再生を——教育再生の実効性の担保のために」と題する教育再生会議の最終報告（二〇〇八年一月三一日）には、提言として「世界をリードする大学・大学院を目指す」を掲げ、具体的には、「教育の質を高め、卒業生の質を保証する」「教養教育を重視し、社会人としての基礎能力と専門的能力を備えた卒業生を送り出す」「学部の壁を破り、新しい学問分野の開拓や社会へ寄与するため、教育組織を再構築する」「大学院は国際公募のよる第一級の教員の採用と国内外からの優秀な学生の獲得の努力し、世界トップレベルの教育研究水準を目指す」（一部省略）などを明記している。そして、フォローアップのためのチェックリストの中には、直ちに実施に取りかかるべき事項として、「大学教育の質の保証」「国際化を通じた大学・大学院改革」「世界トップレベルの大学院教育」などの項目を挙げている。これらの項目は、文字通り読めばどれも重要課題であり、異論を挟むものではない。

また、教育再生会議の提言をフォローアップするために開催されている教育再生懇談会の第一次報告においても、いくつかのポイントの中に「英語教育を抜本的に見直し、高校生や大学生の海外留学を推進する」という項目が含まれ、評価できるところがある。

しかし、実際に大学という組織内で教鞭をとり、学内行政に日々格闘している現場の教員としては、これらの報告で謳われている理想と現実の間に相当のギャップがあると言わざるを得ない。教育再生会議や懇談会の提言は確かに立派なものであるが、それを実行するには、正しい現状認識を踏まえた具体的なビジョンや計画が必要であり、それがなければ問題の解決の緒につくことさえできない。

そこで、大学によって状況は異なるかもしれないが、筆者が関わってきた複数の大学や大学院の状況、あるいは学界関係者から聞いた話をもとに、まずは大学の教育現場、とりわけ大学教員の職場環境をめぐる「三つの不思議」を紹介しよう。忌憚のない表現をお許し願いたい。大学教育の一層の向上を願ってのことである。

一つ目は「『教育の質の向上』が『教員の仕事量』の増加にすり替わっている」ことである。例えば、教員に前期一五回の授業が義務付けられることで(以前は一三、一四回であれば認められていた)、月曜日の祝日もほとんど出講日となり、さらに授業期間も延び、かつ九月入学の準備もあるために、夏休みが短縮してしまった。これでは教員にとって必須の研究活動や、海外の学会への参加はままならないであろう。

二つ目は「大学教育の本質を越えた懇切丁寧過ぎる『学生指導』が各教員に課されている」ことである。いまや「学生指導」は、アカデミックな学業面の指導や将来の進路指導だけでなく、管理面での指導、すなわち、きちんと履修しているか、必要単位を取ったか、はては大学に来ているか、など、本来、学生個人の領域と思われる範囲にまで及んできている。本来、大学とは、教員と学生が学問という舞台で、教員は学識を伝授し、学生はそれを受け取って理解を深め、互いに能力を磨き合う場である。そして、どのような進路を選択するか、学生にアドバイスを与える場であり、さらには、教員と学生が共に人として大人として対峙し、人生を語り合い、志を深くしていく場でもある。これらを実践していくためには、教員はたえず自分を磨いていかなければならない。例えば、筆者が専攻する経営学の領域では、学問的にも最新の知識を得るため、日本のみならず海外の学会で論文を発表したり意見交換したりすることも重要な活動となる。あるいは、国や地方の行政の役職者、企業のアドバイザーとして、学界の枠を超えて活動し、視野を広げていくことも必要になる。こうして知識と知己を得る努力を重ねることにより、教員はいわゆる「鮮度のいい」授業を行い、学生に刺激を与え続けることができるのである。しかし、現状はどうであろうか……。教員にはある程度の「自由な時間」、そして「自由な発想ができる心の余裕」が確保されるべきである。そのためには、教員の不必要な負担増加は避けるべきではないだろうか。

三つ目は「いかに良い授業をしても、どのような学問的業績を上げようとも、教員に対する処遇が変わらない」ことである。逆に言えば、多少のことなら、学生への対応や学内の事務処理においてルーズになり周囲に迷惑をかけていたとしても、処遇には響かないということである。学生による教員評価が導入されて数年経つが、毎年、それを読むたびに、学生はかなり正確に教員を評価してくれていると感じる。つまり、すべての授業に熱意を持って取り組んでいるつもりでも、個々の状況により多少の温度差が出ることがあり、学生に対して多少熱意が足りなかったと思える授業の場合は、必ずそれがマイナス評価となって現れるし、反対に誠心誠意をこめて対応したと思える授業の場合は、その真心が学生にも伝わり、それがプラスの評価となって現れるのである。しかし、熱意をこめ、準備周到に授業を行っても、大学側から何のレコグニション（recognition＝認知）もないというのはいかがなものか。また、研究成果をまとめた論文が海外の名だたるジャーナル（学会誌）の厳しい査読をパスして掲載が認められても、これに対するレコグニションが何らなされていないというのも寂しいものである。ちなみに韓国の大学の友人はこのような場合、大学から表彰されるそうである。なぜこのような違いがあるのだろうか。日本では、教職は「聖職」でコツコツ励むもの、という発想が先に立っているからかもしれない。もちろん、教育や研究活動は人に褒められたり昇進・昇給するために行われるものではない。ただ、そういう活動に対しても、多少なりとも処遇やレコグニションの面で励みになるものがあってもいいのではないか。教員は聖職ではなく、プロフェッションとして誇りを持って務める仕事であると思う。「教員にはプロフェッションとしての気構えを、そしてプロフェッションにはきちんとした処遇を。」大学の教育現場にはこれが求められているのではないだろうか。

これら「三つの不思議」から見えてくる課題を視野に入れながら、次に、グローバル人材として育つために、日本の学生に一番必要だと思われることを記そう。学生にとって「一番必要なこと」とは何か、そのことを「喚起する」のが、まさに大学教員の「一番大事な責務」であると思う。

日本の学生に一番必要なこと、それは「外の広い世界に興味を抱き続けること」ではないだろうか。

今の学生には、「自分がどうしたら楽しい一生を送れるか」という自分自身への関心は強くても、「自分が世の中にどう役立つか」という外の世界との関係で自分を捉えることには苦手な傾向があるようだ。筆者の授業やゼミでも、学生に将来の希望を聞くと、世界に貢献したい、社会に役立つことがしたい、という発想はあまり見当たらない。

また「志」という言葉にピンと来ない学生が多い。卑近な例で恐縮だが、ある時授業で「志をもって生きるのとそうでないのとでは、人生が大きく異なってくるから、是非、志を見つけてください」と話したところ、「先生、志ってどういう意味ですか?」という質問が相次いだ。するとある学生が「志かどうかわからないけど、環境問題に取り組んでみたいので、そのための勉強をしてそういう仕事につきたい。そうしたら社会が少しよくなるような気がする」と言った。皆が、何だか、〝志っぽい感じ〟がする……とうなずきはじめた。そこで「そう、自分中心の考えから一歩出て、広い世界を見渡して自分がどんな風に役立つことができるかを考えること……これが志ではないかしら?」と筆者が語ると、学生たちは「なるほど。これからは自分のことだけじゃなくて、もっと大きく広く考えてみよう!」と言い、屈託ない笑顔を返してくれた。広い世界に「関心」を持ち、新しい発見をして「感動」し「感謝」する……学生たちには是非、自分の殻を破ってもらいたいものである。教員自らが範を垂れ、常に「鮮度のいい」授業を行って、学生に呼びかけをしなくてはならない。

ただし、広い世界に関心を持つ若者を育てるには、制度面での工夫も必要であろう。例えば、「ギャップイヤー」の導入もその一つである。イギリスで行われているように、高校を卒業して大学に入る前の一年を、海外や国内でボランティアとして過ごすのである。筆者の周りにも、医師を目指して東京の養護施設で働いているイギリスの若者や、世の中のあり方を見つめながら北海道の農園で働いているドイツの若者がいる。大学に入る前にこのような社会経験を積んだならば、目的意識を持ってより充実した大学生活を送れるに違いない。

ここで、グローバル人材を育てるために大学の教育現場が備えるべきポイントについて、キーワードを三つほど示しておきたい。それは「大人化」「職業化」「国際化」である。「大人化」とは、学生を大人として扱うこと、学生自身が決める領域に教員は必要以上に関与しないこと、これはすでに述べたとおりである。「職業化」とは、教員の仕事をプロフェッショナルなものとして定義し、教員の業績の明示化、授業内容の公開、教員採用における授業担当能力のチェック、などに現場が積極的に取り組むことである。「国際化」とは、外国語で行う授業、まずは英語によるそれを増やして、外国語で意思表示でき、国際的な舞台で活躍できる学生を育てることである。例えば、外国人教員を増やし、時には教授会を英語で行うようになれば、これまで日本語でなされてきた教授会がいかに無駄口の多い場であったかもわかるかもしれない。

実業界の方々にもお願いがある。それは、大学院卒の学生をもっと雇っていただきたいということである。現状では、特に経営学を学ぶ院生の多くは外国人であり、その多くが中国からの留学生である。彼らにとって修士号を取ることは就職を有利にする条件の一つとなるが、日本の学生の場合はむしろ、大学院卒は就職に不利になる、という不思議なことが続いている。企業のトップの方とお話をすると、「大学院では国際舞台で活躍できる優秀な人材を育ててほしい」とよく言われるのだが、実際には、院生にとって企業の門戸は狭くなっている。これは是非、改善していただきたい。また、海外留学のために卒業年度が遅くなった学生に対しても、その経験を買っていただき、ストレートに卒業した学生と同等のチャンスを与えてほしい。若ければ若いほどいい、白い色を企業色に染めたい、という発想は時代錯誤であろう。

四　留学の効用――高校留学を中心に考える

本節では、グローバル人材として活躍するための道場となる留学の効用、特に、大学や大学院での留学時に備えて、あるいは社会人としての海外駐在時に備えて、その基礎体力と人間力を養うのに最適な高校留学について論じたい。

1　高校留学の効用と異文化理解の意義

多様性がますます求められるようになった現代においては、さまざまな文化に対する知識や理解力を持つ、柔軟性に富んだ人材が必要である。これを身につけている人たちの多くは、若い時代に異なる価値観の中に身を置き、自らの考えを深めるために何らかの貴重な経験を積んできた人たちであると思われる。高校留学は、そういう貴重な経験を得る機会をより多くの若者に提供するものであり、「世界平和」の実現のためにも、極めて重要な教育の場になると言えよう。

成人前の多感な時期に、これまで育ってきた土地を離れ、異なる環境に身を置くことによって、悩み、苦しみ、葛藤するという異文化適応のプロセスを体験する。こうした体験が人間としての成長につながることは間違いない。高校時代というのは、自我が確立し、母語の能力も十分身につき、かつまだ柔軟性を持った時期である。外国語を習得し、異文化を吸収するには最適の時期ではないだろうか。特に「交換留学」はボランティア精神に支えられて成り立っており、留学生だけでなく、受け入れ家庭、学校、地域社会のすべてが異文化交流プログラムの参加者となるため、相互理解の促進にもつながる。高校留学を通して培われた人間関係や経験は、その後生涯を通じて影響を及ぼすことが多い。高校留学が人生を変えるほどの影響力を持つ体験（lifetime experience）であることは、多くの帰国生の体験からも実証されている。

2　高校生の交換留学プログラムの現状における問題点

このように高校時代の留学には、人間的な成長を促し、異文化に対する感受性と理解を深めるという大きな意義がある。しかし、実際に送り出す側の高校の現場では、必ずしも諸手を上げて賛成しているわけではない。高校によっては優秀な生徒の留学を阻止する動きさえある。少子化により高校生の数が減少し、全体的には大学への進学が容易になったとはいえ、偏差値の高い名門大学への入学においては依然としてハードルが高い。高校側としては、留学を希望するようなチャレンジ精神を持つ優秀な生徒は、できるだけ上位の大学に送り込んで、進学校としての実績を上げたいという思惑があるのだろう。ある高校留学機関の話によれば、留学に対して否定的な意見を持つ教員が留学希望者の足を引っ張っているケースも少なくないという。

留学の大衆化によって、受け入れ側の負担が増大しているという問題もある。交換留学の大衆化は、異文化理解の体験者のすそ野を広げたが、本人の準備不足や本人よりも保護者の意向で参加する生徒が増えた結果、現地でのサポートの負担は大きくなりつつある。基礎的な語学力さえ修得できずに出発する生徒が増えているため、受け入れ側では何らかの規制を考えはじめるところも出てきている。

また、保護者の過保護による、異文化体験の劣化という問題も起こっている。つまり、子離れのできない保護者が増え、留学中に直接コンタクトして体験を台無しにするケースや、子ども可愛さの余り、留学機関に対してあれこれ仔細に渡り指示や要求を出してくるというケースも増えていると聞く。これらの問題は、日本が豊かになり、海外旅行が特別なことではなくなった現在では当然起こり得る問題であり、そこに少子化による親子関係の変化が加わって、トラブルの新たな火種になっているというのが現状である。

さらに、留学先が英語圏偏重へ後戻りしている、という問題もある。つまり、日本では近年、英語教育重視の政策が推進されはじめたせいか、せっかく色々な国に目を向けていた高校生が、以前よりまして英語圏指向になりつつある傾向にある。グローバル人材の育成という面で、英語力の強化は確かに重要課題ではあるが、先に述べたように、英語力のみがグローバル人材の条件ではない。むしろ「広い世界への関心」の方が大事である。しかし、英語力を身につけたために非英語圏への関心が薄れているという現象が生じている。それに追い討ちをかけるように、大学でも第二外国語の軽視が目立ちはじめている。

3　留学を促進させるための具体方策と留学団体等の位置付け

以上のような問題はあるものの、制度面から見た場合、高校留学の環境は以前に比べれば整備されてきていると思われる。

例えば、文部科学省では、二〇〇三年三月に策定した「『英語が使える日本人』の育成のための行動計画」において、「毎年一万人の高校生が海外留学する」ことを目標に挙げている。具体的施策としては、「高校生留学交流団体が実施する留学プログラムや、留学先に関する情報提供活動を支援する」目的で、二〇〇三年度に毎年一〇〇〇人の高校生に対して各五万円の派遣支援金の支給を開始した。

また、高校留学を促進するためには、生徒の動機付けの機会を増やすとともに、教員、保護者等に留学の意義を理解してもらい、留学の推進役になってもらうことが重要であるが、これについては全国高校生留学・交流団体連絡協議会（高留連）が「高校生留学マニュアル」というハンドブックや、派遣・受け入れのドキュメンタリー映像を収めたＤＶＤを制作して、全国の高校や関係機関に対して啓蒙活動を行っている。

高留連は一九九二年に設立された機関で、現在は（公財）ＡＦＳ日本協会など九つの留学団体が会員組織となっている。主な活動は、高校留学に関する各種プログラム・ガイドラインの策定、留学団体と高校教員による研究協議会（高校生留学等関係団体関係者研究協議会）の開催などで、文部科学省と密に連絡を取りながら活動を続けている。

各留学団体単位でも、それぞれの方法で高校留学促進のためのＰＲ活動を行っている。世界的な組織であるＡＦＳでは、二〇〇四年に日本協会が五十周年を迎え、この時には高校留学の意義を考えるさまざまなイベントを世界各地で開催し、その模様はマスコミにも大きく報道されて注目を集めた。また、翌二〇〇五年には国際本部が、留学中または帰国直後の生徒を対象にエッセーコンテストを開催し、高校留学の成果を世界にＰＲした。

ＡＦＳは高校生の交換留学を主な活動としている民間国際教育交流団体で、世界中のボランティアの支援のもとで、異文化教育交流を行っている。現在、ＡＦＳの加盟国は五十カ国以上にわたり、交流国は約八十カ国に及んでいる。ＡＦＳは、第一次、第二次世界大戦中に傷病兵の救護輸送に携わったアメリカのボランティア組織、American Field Service（アメリカ野戦奉仕団）の活動に端を発している。悲惨な戦争を通じて、真の相互理解こそが世界平和を実現するとの確信を得て、一九四七年に交換留学制度をスタートさせ、現在はニューヨークに国際本部を置き、世界各国で毎年約一万三〇〇〇人以上の交換留学を実施している。日本の活動は、一九五五年に氷川丸でアメリカへ留学した八人の高校生に始まり、今日では、年間プログラム・短期プログラムを併せ、毎年一五〇〇人近い交換留学を日本全国のボランティアに支えられながら実現するまでに発展している。

4　高校留学における成果および留学後の進学、就職等の進路

それでは、一般的に、高校留学はどのような成果を挙げ、その後の進学、就職にどのような影響を与えているだろうか。

この点について、近年、異文化コミュニケーション学者のミッチ・ハマー（Mitch Hammer）が全世界のAFS留学生を対象に行った調査がある。(2) それによると、AFS生が十カ月間の留学によって飛躍的に身につけたものは以下の五項目となっている。

（1）異文化を理解しようとする力
（2）受け入れ国の文化の理解
（3）受け入れ国の言語の習得
（4）異文化の人々と積極的に交流する能力
（5）国際的なネットワーク構築とさまざまな国の友人との友情

ハマーは調査を総括し、「留学によってAFS生が受けるインパクトは非常に大きく、異文化を理解する力を伸ばす。AFS体験は偏見や自国主義を減少させ、他の文化への興味を増大させる。また、『私たちvs.彼ら』というような対極論で文化間の違いを捉えることがなくなり、共通点の発見により

文化の壁を越えようとする」と述べている。つまり、留学体験は異文化に対する意識を大きく変え、異文化適応能力を培うものであるということが、体験的にだけでなく、学術的にも実証されたというわけである。

帰国後の進学、就職については、残念ながら、高留連においてもAFSにおいても公式に実施した調査はないが、AFS日本協会の大阪北支部が一九九五年から二〇〇四年までに実施した、同プログラムの留学生を対象としたアンケート結果の中に、興味深いコメントがあるので紹介したい。

「留学しなかったら今の大学に来たいと思わなかっただろうし、英語力や思考力などの点で今の大学に入る能力もなかったと思う。大学でも一年チリに留学し、社会学を専攻したことも、異なる文化で暮らした影響である。自分の生き方に大きな影響を与えたことは確かだし、その影響に対して感謝と誇りを感じる。」（ノルウェーに留学した男子生徒）

「自信が持てたおかげで、何事にも積極的に取り組む姿勢が身についた。他国からの留学生との交流を通じて、英会話力もつき、TOEFLスコアも五〇ほど上がった。」（チェコに留学した女子生徒）

「視野が広がり、価値観や考え方が大きく変わったことで、自分が目標にしていることや必要としていることを他人に説明できるようになったので、面接や大学でのディスカッションなどでとても役に立っている。相手に理解しやすい話し方を工夫するなど、相手のことを考えた行動ができるようになった。」（エクアドルに留学した男子生徒）

これらの生の声は、上述したハマーの調査結果を裏づけるものと思われる。

5　人生やキャリアに対する高校留学の影響と効用

ＡＦＳのホームページには、次のように記されている。

「プログラムに参加する生徒は、自分が長年馴染んだ環境から一時的に離れ、異なる生活様式、考え方などを体験することで、国際社会に必要な感性や知性を獲得します。ＡＦＳの異文化体験は、人との関わりを重んじる心を育て、異なる文化に対する感性を養い、世界のさまざまな出来事に対する幅広い視野を育成します。」

筆者自らの経験に照らしても、まさにこのとおりであると思う。それでは実際に高校留学はどのような影響を人生に与えたのか、最後に筆者自らの経験を語り、本章の締めくくりとしたい。筆者は高校三年次にアメリカに一年間留学し、大学三年次にフランスに一年間留学した。前者が十八歳で、後者が二十二歳の時である。わずか四年の差ではあるが、与えられたインパクトはかなり異なっている。つまり、高校留学では、アメリカの家庭にホームステイし、現地の高校に通い、丸一年間、ほとんど日本人と交わらずに、現地の生活にどっぷりと漬かったのに対して、大学留学では、下宿や寮生活をして、日本人留学生ともひんぱんに交流したため、現地に溶け込むというよりは、よく言えば冷静な目で、悪く言えば「冷めた」視点で、日本人として現地の人と交流し、生活した。この違いが、その後の自分の人生に与えたインパクトを、前者が百とすれば、後者は三十くらいに感じさせるものとした。それほどに高校留学の影響は大きかった。高校留学では主に次の三つの点を学んだと思う。

一つ目は、生き方に人それぞれ幅があることがわかり、「生きることが楽になった」ということである。実は留学する以前の自分は、周囲のことが気になり、友達の言動に惑わされて、自分を見失うことが多かったが、アメリカの高校に留学し、多様な価値観に触れ、それまでの自分がいかに小さく狭い了見で物事を見つめていたかが身にしみてわかった。高校留学は自分の器を大きくしてくれた。以来、度胸がすわり、人の目を気にせずに、自分の信じる道を歩むことができるようになった。

二つ目は、いい意味で「自己主張ができるようになった」ということである。英語で言うところのassertiveである。高校留学前は、何も言わなくても周りが察してしてくれるという環境にあったが、ホームステイ先では全く状況が違った。きちんと表現しないとお腹がすいていることすらわかってもらえない、という異文化環境の中で、文字通り「ひもじい思い」をした。また、はっきりと自己弁護しないと、誰もかばってくれる人はいない、という痛い経験もした。しかし、しっかり人と対峙し、意見を述べれば、それなりに評価してくれるということもわかった。

三つ目は、「自分と日本を客観的に見つめる」機会を得たことである。留学先はミネソタ州という厳冬の地。ある日、スクールバスに乗り遅れて、ひとり雪道をとぼとぼと歩いて家路についた。自分とは何か、人生とは何なのか、日本とは、アメリカとは、世界とは……などなど、自分の心の底を見つめながら、自問し、歩いた。その時に、雲の切れ目から見えた、一筋の太陽の光は、四十年経った今でも忘れることができない。自分はどう生きるべきか、という問いかけを自分に対してはじめて行ったのはこの時である。こうした経験があったからこそ、以後も、人生の節目、節目で、自分の行く道を自分で考え、切り開いていくことができるようになったのである。この十八、十九歳という若いときに、親元から離れ、異文化の環境でしっかり自分と対峙できたことが、今の自分の原点になっている、と思う。これは何物にも代えがたい貴重な経験であった。

さらに、もう一つつけ加えるならば、それらの経験から、「すべてに対して感謝の念」を持つことができるようになったことである。自分がこうして生まれ育ったことに対する感謝、親に対する感謝、友達に対する感謝、祖国日本に対する感謝、そして、こんな至らない自分を受け入れてくれたアメリカのホストファミリーに対する感謝である。「自分が好きになり、周囲が好きになり、人生をポジティブに捉え、何ごとも前向きに積極的に生きることができるようになった。」これが、大学ではなく、高校時代の留学で得られた最大の成果、宝である。

これらがその後の人生に、生き方に、そしてキャリアの設計に大きなプラスの影響を与えたことは言うまでもない。しかも、さらにありがたいのは、当時、一緒に留学した仲間がいる、ということだ。数年前より、毎年のように同窓会を開き、旧交を温めているが、いくつになっても、皆で会えば、心は十八歳のときに共に留学を目指した頃の熱い思いに戻る。その後の仲間の進路はさまざまであるが、共通しているのは、皆、好奇心旺盛で、いろいろなことにチャレンジし続けていることである。大手企業の役員や部長、政治家、政府系金融機関の幹部、外資系企業のトップ、医師、会計士、同時通訳、大学教授、国際機関の幹部、中小企業の社長などなど、あれから四十年を経て、皆それぞれの要職に就き、社会的にも責任ある立場で働いているが、異文化経験を豊かに積み上げながら皆、雄弁で、話し好きで、かつ聞き上手で（……などと手前味噌で申し訳ないが）、紆余曲折を経ても、人生を前向きに捉えている人が多い、というのが率直な印象である。

高校生の留学は、年齢が若いこともあり、また受け入れ側の負担が大きいこともあり、確かに多少のリスクはあるものの、それ以上に大きな価値と意義がある。大学に入学する前の一年間をボランティアや海外で過ごすイギリスの「ギャップイヤー」のように、日本でも、一人でも多くの若人に高校留学のチャンスが与えられることを願うものである。そうしたチャンスを得て、人間的に成長してから大学に進学すれば、在学中の四年間はもっと充実したものになるだろう。また、就職においても、その後の人生においても、自分の目で見て判断し、自らのキャリアパスをしっかりと描くことができるだろう。とりわけ、そのような異文化経験を糧としながら人間力を積み上げていこうとする人は、グローバル人材としても最適で、企業の第一線においてリーダーシップを発揮していくことができるだろう。チャレンジ精神旺盛な若者が増えていけば、日本はもっと元気な社会になり、あらゆる異文化に対して寛容な、多様性を尊重した、公正な世界の実現を目指す国になることは間違いない。

脚注

第一章

（1）Hofstede, Geert. *Cultures and Organizations*. McGraw-Hill Book Company, 1991, p.4.

（2）*Ibid*., p.5.

（3）フェラーロ、ゲーリー（江夏健一・太田正孝監訳）『異文化マネジメント』同文館、一九九二年、三三二—三三五頁。

（4）Hofstede. *op. cit*., p.5.

（5）岡部朗一『異文化を読む』南雲堂、一九八八年、一八頁。

（6）古田暁監修『異文化コミュニケーション』有斐閣、一九八七年、六六頁。（Gudykunst, William B. & Young Yum Kim. *Communicating with Strangers*. Reading, Mass: Addison-Wesley Publishing Co., 1984.

Samovar, Larry A., Richard E. Porter & Nemi Jain. *Understanding Intercultural Communication*. Belmont, Calif.: Wadsworth, 1981）

（7）プロッサー、マイケル（岡部朗一訳）『異文化とコミュニケーション』東海大学出版会、一九八二年、一八—二一頁。

（8）コンドン、ジョン（近藤千恵訳）『異文化間コミュニケーション』サイマル出版会、一九八〇年、二五三頁。

（9）同上書、二四〇—二四一頁。

（10）古田暁監修、前掲書、一九八七年、五五頁。詳しくは、ホール、エドワード（岩田慶治・谷泰訳）『文化を越えて』ＴＢＳブリタニカ、一九九三年（Hall, T. Edward. *Beyond Culture*. Anchor Press/Doubleday, 1976）を参照されたい。

（11）Hofstede. *op. cit*., pp.209-210.

（12）林吉郎『異文化インターフェース管理』有斐閣、一九八五年、i頁。

（13）以下は、同上書、一一四—一一九頁の論点による。

（14）以下は、同上書、一二七—一二九頁の論点による。

第二章

（1）ネイスビッツ、ジョン（佐和隆光訳）『大逆転潮流』三笠書房、一九九四年、一五四頁。（Naisbitt, John. *Global Paradox*. The Leigh Company, 1994）

（2）同上書、二一三—二一四頁。

（3）本章の一部は、一九九四年国際ビジネス研究学会第一回全国大会における報告並びに同学会『年報』掲載の筆者の論文に基づいている。

（4）この部分に関しては、慶應義塾大学経済学部清水雅彦教授のご指導をいただいた。記して感謝したい。

（5）Abegglen, James. *The Japanese Factory*. Free Press, 1958. 中根千枝『タテ社会の人間関係』講談社、一九六七年。

（6）Dore, Ronald. *British Factory–Japanese Factory*. University of California Press, 1973.

小池和男『仕事の経済学』東洋経済新報社、一九九一年。

（7）青木昌彦『日本企業の組織と情報』東洋経済新報社、一九八九年。

（8）島田晴雄『日本の雇用』筑摩書房、一九九四年、三頁。

（9）青木、前掲書、一九八九年、i頁。

（10）Libenstein, Harvey. "A Branch of Economics is Missing: Micro-Micro Theory". *Journal of Economic Literature*, Vol. XVII, 1979, pp. 477-502.

（11）青木昌彦・伊丹敬之『企業の経済学』岩波書店、一九八五年、二頁。

（12）©マインドウェア　Mindware　一九九四年　馬越恵美子

（13）島田晴雄『ヒューマンウェアの経済学』岩波書店、一九八八年。

（14）この部分の多くは、南隆男・浦光博・角山剛・武田圭太『組織・職務と人間行動』ぎょうせい、一九九三年を参考にしている。

（15）Lawler, E.E.. *Pay and Organizational Effectiveness: A Psychological View*. McGraw-Hill, 1971.

（16）Locke, E.A.. "Relation of Goal Level to Performance with a Short Work Period and Multiple Goal Levels". *Journal of Applied Psychology* 67, 1982.

（17）Maslow, A.. *Motivation and Personality*. Harper & Row, 1954.

（18）Schein, E.H.. *Organizational Psychology* (3rd ed.). Prentice-Hall, 1980.

（19）McGregor, D.. *The Human Side of Enterprise*. McGraw-Hill, 1960.

（20）Herzberg, F., Mausner, & Snyderman. *The Motivation of Work*. Wiley, 1959.

第三章

（1）ルクセンブルクでヒアリングを行ったA銀行は、前述の日本労働研究機構の研究会のメンバーではないが、ご好意によりご協力いただいた。記して感謝したい。

（2）欧州での調査は筆者の単独調査であるが、日本労働研究機構の資金援助を受けて実現した。同機構に心より感謝申し上げる。

第五章

（1）以下の部分は、CTC Smart Computing Forum '99（一九九九年七月六日開催）における大前研一氏の特別講演に基づいている。

（2）バーノン（Raymond Vernon）のプロダクト・ライフ・サイクル・モデルはその代表的な理論である。

（3）エンジェルとは、アメリカにおいてベンチャービジネスに投資する富裕層を指す。

（4）Adler, J. Nancy. *International Dimensions of Organizational Behavior*. South Western College Publishing, 1997, p.132.

（5）「日本経済新聞」二〇一〇年五月二四日付、朝刊。

（6）松澤豊彦「グローバル・ビジネスに必要な〝真の英語力〟とは？」『月刊グローバル経営』二〇一〇年七月／八月号。

第六章

（1）林吉郎「日本ビジネスを真の経営グローバル化に導くための社員マニュアル」『月刊グローバル経営』二〇〇三年四月号。

（2）Hofstede. *op. cit.*

（3）Trompenaars, Fons. *Riding the Waves of Culture*. London: Nicholas Brealey Publishing, 1993.

（4）拙著『異文化経営論の展開』学文社、二〇〇〇年。

（5）有村貞則「アメリカン・ビジネスとダイバーシティ」『山口経済学雑誌』第四七号、第一号、一九九九年。

（6）Cox, T.H. & Blake, S.. "Managing Cultural Diversity: Implications for Organizational Competitiveness". *Academy of Management Executive*, Vol.5, No.3, 1991.

（7）Thomas, R.R. Jr.. "Managing Diversity: A Conceptual Framework". in Jackson, S.E. & Associates (Ed.). *Diversity in the Workplace: Human Resources Initiatives*. The Guilford Press, 1992.

（8）*Profiles in Diversity Journal*, January/ February, 2002.

（9）*Profiles in Diversity Journal*, March/ April, 2002.

（10）拙文「ダイバーシティ・マネジメント」『グローバル化と平等雇用』学文社、二〇〇三年を参照。

（11）有村貞則『ダイバーシティ・マネジメントの研究』文眞堂、二〇〇七年、二三二頁。

（12）拙著『増補新版　心根（マインドウェア）の経営学』新評論、二〇〇〇年。

（13）本章は日本経営学会編『企業経営の革新と二一世紀社会』千倉書房、二〇〇八年に収録された拙文「異文化経営とダイバーシティ・マネジメント――日本の企業社会のあり方をめぐって」を土台に加筆修正したものである。

第七章

（1）Hofstede. *op. cit.*

（2）March, J. & Simon, H.. *Organizations*. John Wiley & Sons, Inc, 1958.

（3）Kossek, E. & Block, R.. "New employment relations." Kossek, E. & Block, R.(eds). *Managing Human Resources in the 21st Century*. Cincinnati: South-Western College Publishing, 2000.

（4）Arthur, J.. "Effects of human resource systems on manufacturing performance and turnover". *Academy of Management Journal*, 37, 1994, pp. 670-687. Huselid, M.. "The impact of human resource management practices on turnover, productivity, and corporate financial performance". *Academy of Management Journal*, 38, 1995, pp. 635-672.

（5）Bae, J. & Lawler, J.. "Organizational and HRM strategies in Korea; Impact on firm performance in an emerging economy". *Academy of Management Journal*, 43, 2000, pp. 502-517.

（6）Osterman, P. "Work/family Programs and the Employment Relationship". *Administrative Science Quarterly*, 40(4), 1995, pp. 681-700.

(7) Chatman, J. & O'Reilly, C.. "Asymmetric reactions to work group sex diversity among men and women". *Academy of Management Journal*, 47, 2004, pp. 193–208.

(8) Pelled, L., Eisenhardt, K. & Xin, K.. "Exploring the black box: An analysis of work group diversity, conflict, and performance". *Administrative Science Quarterly*, 44, 1999, pp. 1–28.

(9) Webber, S. & Donahue, L.. "Impact of highly and less job-related diversity on work group cohesion and performance: a meta-analysis". *Journal of Management*, 27, 2001, pp. 141–162.

(10) March, et al.. *op. cit.*

(11) Kossek, et al.. *op. cit.*

(12) Osterman. *op. cit.*

(13) Folger, R. & Konovsky, M.. "Effect of procedural and distributive justice on reactions to pay raise decisions". *Academy of Management Journal*, 32, 1989, pp. 115–130.

(14) Greenberg, J.. "Determinants of perceived fairness of performance evaluations". *Journal of Applied Psychology*, 71, 1986, pp. 340–342. Korgaard, M. & Roberson, L.. "Procedural justice in performance evaluation: The role of instrumental and non-instrumental voice in performance appraisal discussions". *Journal of Management*, 21, 1995, pp.657–669.

(15) Moorman, R.."Relationship between organizational justice and organizational citizenship behaviors: Do fairness perceptions influence employee citizenship?". *Journal of Applied Psychology*, 76, 1991, pp. 845–855. Sharlicki, D. & Folger, R.. "Retaliation in the workplace: The roles of distributive, procedural, and interactional justice". *Journal of Applied Psychology*, 50, 1997, pp. 617–633.

(16) Robinson, S. L. & Rousseau, D. M.. "Violating the psychological contract not the exception but the norm". *Journal of Organizational Behavior*, Vol. 15, 1994, pp. 245–259.

(17) Grover, S. & Crooker, K.. "Who Appreciates family-responsive human resource policies: The impact of family-friendly policies on the organizational attachment of parents and non-parents". *Personnel Psychology*, 48, 1995, pp. 271-288. Milkovich, G. & Gomez, L.. "Day care and selected employee work behaviors". *Academy of Management Journal*, 19, 1976, pp. 111–115.

(18) Price, J., & Mueller, C.. *Absenteeism and Turnover of Hospital Employees*. JAI Press: Greenwich, 1986.

(19) Meyer, J., & Allen, M.. "A three-component conceptualization of organizational commitment". *Human Resources Manage-ment*, 1991, pp. 61–89.

(20) Hofmann, D., Griffin, M. & Gavin, M.. "The application of hierarchical linear modeling to organizational research". in Klein, K. & Kozlowski, S. (eds), *Multilevel Theory, Research, and Methods in Organizations: Foundations, Extensions, and New Directions*, San Francisco: Jossey-Bass Inc, Publishers, 2000, pp. 467–511.

(21) Huselid. *op. cit.*

(22) 例えば Hofsted. *op. cit.*

(23) Braun, W. & Warner, M.. "The 'culture-free' versus 'culture-specific' management debate. In Warner". M. & Joynt, P. (eds). *Managing Across Cultures: Issues and Perspectives*. Thomson Learning: London, 2002. Easterby-Smith, M., Malina, D. & Yuan, L.. "How culture-sensitive in HRM? A Comparative analysis of practice in Chinese and UK companies". *International Journal of Human Resource Management*, 6, 1995, pp. 31-58.

(24) Gerhart, B.. "Human resource management and firm performance; Measurement issues and their effect on causal and policy inferences". *Research in Personnel and Human Resources Management, Supplement* 4, 1999, pp. 31-51.

(25) Huselid, M. & Becker, B.. "Comment on measurement error in research on Human resources and firm performance; How much error is there and how does it influence effect size estimates?". *Personnel Psychology*, 53, 2000, pp. 835-854.

(26) 馬越恵美子『異文化経営論の展開』学文社、二〇〇〇年。

(27) 本章は、拙文「ダイバーシティ・マネジメントの実証研究——日韓企業の調査を中心に」『労働経済学の新展開』慶應義塾大学出版会、二〇〇九年を加筆修正したものである。

第八章

(1) 「日本経済新聞」二〇一〇年九月四日付、朝刊。

(2) http://www.afs.org/aft_or/view/3150

おわりに

二〇一〇年の夏、筆者ははじめてクルーズの旅を経験した。場所はアドリア海。イタリアのヴェネチアから出港し、旧ユーゴスラビアのクロアチアとモンテネグロに寄港し、一週間後、ギリシャのアテネで下船した。五〇〇人の乗客の半数はアメリカ人、残りの大半はイギリス、ドイツ、フランス、イタリアなどのヨーロッパ人、さらにロシア人も多く、日本人は数十人であった。働くスタッフも多国籍でそれぞれが持ち味を発揮していた。乗客も乗員も個性豊かで各自が思うままに行動しており、実に多様性に溢れるクルーズだった。改めてこの世の中は実にいろいろな価値観の人によって構成されていることを実感した。そこで以前聞いたことのある「世界がもし一〇〇人の村だったら」を思い起こしたが、一〇〇人ではなく、「世界が一〇〇〇人の村だったら」という問いかけをしているのが、エコノミストであり大学教授だったドナ・メドウ（Dona Meadows）である。

世界が一〇〇〇人の村だったら。アジア人が五八四人、アフリカ人が一二四人、ヨーロッパ人が九五人、ラテンアメリカの人が八四人、旧ソ連の人が五五人、アメリカ・カナダの人が五二人、オーストラリアとニュージーランドの人が六人。マンダリン（中国語）を話す人が一六五人、英語が八六人、ヒンズー語が八三人、スペイン語が六四人、ロシア語が五八人、アラビア語が三七人……村の人々は互いに会話するのが大変であろう。

その次に、ベンガル語、ポルトガル語、インドネシア語、日本語、ドイツ語、フランス語と続き、その他二〇〇余りの言語があり、地球村ではコミュニケーションがいかに複雑であるかがわかる。宗教もたくさんあり、キリスト教、イスラム、ヒンズー教、仏教、その他九〇近い宗教があると言われている一方で、無神論者もいる。

そして、一〇〇〇人の三分の一が子どもで、六五歳以上は六〇人しかいない。子どもたちのうち、予防接種を受けているのは半数だけ。結婚している女性のうち、避妊できる環境にある人も半数に留まる。毎年二八人が生まれて一〇人が死んでいる。一〇〇〇人のうち一人はＨＩＶに感染している。一〇〇〇人のうち二〇〇人が全体の所得の七五％を取得していて、車を所有しているのは七〇人に過ぎない。一〇〇〇人のうち、兵士は五人で、教師は七人、医師は一人で、難民が三人……等々さまざまである。

海外に出ると多様性を日常的に意識するが、帰国し慣れ親しんだ日本の均質な環境に浸かるとその感覚が鈍くなってしまう。実際にグローバルにビジネスを展開するということは、こんな多様な環境でいろいろな人と接し、一緒に仕事をするということなのである。日本の「穏やかさ」「たおやかさ」は確かに大切だが、多様性が当たり前の世界の常識を忘れていてはビジネスに立ち向かうことはできない。「異文化」を常に念頭において公正な世界を目指していくことがますます必要になってきている。

本書は、そのような問題意識をもとに、執筆したものである。

振り返ってみると、実に多くの方々にお世話になり、今日に至ることができた。その道のりを思うと感無量である。

本書の終わりに当たって、筆者のこれまでの活動を支えてくださった方々に、私事ながら一言御礼を申し述べたい。

同時通訳から研究者への転身のきっかけを与えてくださり、指導教授として経済学をご教導くださった島田晴雄先生（千葉商科大学学長、慶應義塾大学名誉教授）、文化と経営という視点に目を開かせてくださった村山元英先生（千葉大学名誉教授）、教育という充実した職場環境を与えてくださっている佐藤東洋士先生（桜美林大学学長・理事長）、労使紛争という生きた勉強の機会を与えてくださっている東京都労働委員会会長はじめ委員やスタッフの方々、そして筆者が主宰する異文化経営学会の役員や会員、関係者の方々に厚く御礼を申し上げる次第である。また、ラジオ番組担当という貴重な経験を与えてくださったＮＨＫラジオ関係およびリスナーの方々、英語落語、ジャズボーカルやピアノなど、エンターテイメントの世界の先生方と同志の方々、そして「えみりん先生」と呼んで慕ってくれる学生たちにも、感謝したい。

さらに、本書を編むことを快諾してくださった新評論の山田洋氏には特別の御礼を申し上げたい。山田氏には前作およびその旧版においても大変お世話になった。今日、こうして多くの本の執筆を手掛けることができるのも、一番はじめに出版のきっかけをくださった山田氏のおかげである。

最後に、限りない愛で私を育んでくれた天国の両親に心より感謝したい。毎日の夕食のとき、母の手料理で、父とさまざまな世の中の出来事について語り合ったのが、私にとって最良の教育であったと思う。常に、ユーモアを欠かさず、オープンなマインドで、至らない私のすべてを肯定的に受け入れて応援してくれた父と母は、最高の教育者であった。

同じようには到底できなかったが、それでも私についてきてくれた二人の愛する息子たち……彼らとも常に、包み隠さず、実にさまざまなことを語り合ってきた。まさに私の元気の源である。さらに、慈愛と寛容の心で支えてくれる夫……私たちは同級生ということもあり夫婦というより友達のようだが、同じ人生の苦しみをそれぞれ乗り越え不思議な縁で結ばれた。本当にありがたいことである。それから彼の素敵な娘たち、長男の可愛い嫁、さらに最近授かった初孫の女の子……家族は命の大切さを教えてくれ、至らぬ私をたえず啓蒙してくれるかけがえのない存在である。

そして最後の最後、この本を読んでくださった皆さまに厚く御礼を申し上げたい。

限りない感謝を心に秘め、これからも私に託された使命を果たし、少しでも世の中に役立ちたい。それが「世界平和」への道の一粒の小石となることを信じて。

二〇一一年二月八日　自宅書斎にて

馬越　恵美子

著者紹介

馬越　恵美子（まごし　えみこ）
上智大学卒、慶應義塾大学大学院修了。経済学修士。博士（学術）。同時通訳、東京純心女子大学教授、NHK ラジオ講師を経て、現在、桜美林大学経済経営学系教授・筑波大学客員教授・異文化経営学会会長・東京都労働委員会公益委員。『異文化経営論の展開』（学文社、2000、戦略経営協会・アンゾフ・アウォード特別文献賞受賞作）、『NHK ラジオ　ビジネス英会話　土曜サロン・ベスト・セレクション』（DHC、2003、基礎編　2004）、"Diversity management and the effects on employees' organizational commitment: Evidence from Japan and Korea", *Journal of World Business*, Vol. 44, No. 1, January 2009（共著、国際ビジネス研究学会・学会賞受賞作）など著書多数。講演や執筆のほか、英語落語、ジャズボーカルなど、幅広く活動中。「えみりん先生」として親しまれている。
ホームページ http://www.emagoshi.com

ダイバーシティ・マネジメントと異文化経営
――グローバル人材を育てるマインドウェアの世紀　（検印廃止）

2011年 4 月25日　初版第 1 刷発行

著　者　馬　越　恵美子
発行者　武　市　一　幸

発行所　株式会社　新　評　論

〒169-0051　東京都新宿区西早稲田 3 -16-28
http://www.shinhyoron.co.jp
TEL　03（3202）7391
FAX　03（3202）5832
振替　00160-1-113487

定価はカバーに表示してあります
落丁・乱丁本はお取り替えします

装幀　山　田　英　春
印刷　神　谷　印　刷
製本　桂　川　製　本

ISBN978-4-7948-0865-3 C0034
Printed in Japan